陶铸

人类美好的向往

陶克 著

长江出版传媒 | 湖北教育出版社

图书在版编目（CIP）数据

雷锋 : 人类美好的向往 / 陶克著. -- 武汉 : 湖北教育出版社, 2023.3(2024.12重印)
ISBN 978-7-5564-4703-9

Ⅰ. ①雷… Ⅱ. ①陶… Ⅲ. ①雷锋精神一研究 Ⅳ. ①D64

中国国家版本馆CIP数据核字(2023)第032142号

雷锋:人类美好的向往

LEI FENG:RENLEI MEIHAO DE XIANGWANG

策　　划　方　平　黄佑志
责任编辑　黄佑志　许　梅
营销编辑　卢　欢
责任校对　李庆华
封面设计　荆棘设计
版式设计　李　枫　张岑玥
责任督印　刘牧原

出版发行	长江出版传媒	430070	武汉市雄楚大道 268 号
	湖北教育出版社	430070	武汉市雄楚大道 268 号

经　　销　新　华　书　店
网　　址　http://www.hbedup.com
排　　版　武汉鑫伟创图文设计有限公司
印　　刷　武汉中远印务有限公司
地　　址　武汉市黄陂区横店街货场路粮库院内
开　　本　710mm×1000mm　1/16
印　　张　16
字　　数　161 千字
版　　次　2023 年 3 月第 1 版
印　　次　2024 年 12 月第 3 次印刷
书　　号　ISBN 978-7-5564-4703-9
定　　价　56.00 元

目 录

引　子

1963 年 3 月 5 日，毛泽东同志题词“向雷锋同志学习”在《人民日报》上发表。从此，雷锋这个响亮的名字印刻人心，他的故事传遍神州大地，雷锋精神成为一座永不褪色的丰碑。

60 年，雷锋的形象始终没有变，总是那么年轻，总是那么温暖，总是那么美好。“雷锋”，成为雕塑、成为绘画、成为徽章；“雷锋”，进驻军营、矗立校园、走进社区；“雷锋”，成了我，成了你，成了我们身边一个又一个好人。这是为什么？请听——

“他是雷锋，服务人民，助人为乐。”

“他干一行爱一行，专一行精一行。”

“好人！都像雷锋那样，这个世界就更美了。”

“雷锋精神总是像金子一样发光。”

……

雷锋为何成为中国人的道德楷模，成为我们“民族的脊梁”，成为永恒的精神坐标？朋友们，我的讲述就从这里开始——

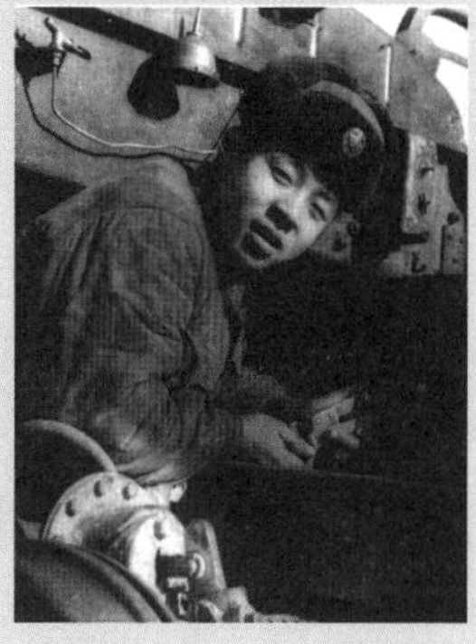

上篇
发现雷锋

学雷锋活动开展60年来，雷锋由一个22岁的青年人，变成了一种象征，一个文化符号，他叫“雷锋叔叔”，他叫“中国好人”，他叫“最美志愿者”……

1. 最早的“雷锋故事”

20世纪60年代，解放军文艺出版社出版了陈广生创作的《雷锋的故事》，这本书到1993年已发行2000多万册。我要告诉大家的是《雷锋的故事》风靡海内外之前的“雷锋故事”。

1989年，我在沈阳军区干休所见到了离休干部佟希文、李健羽，他们曾是新华社军事记者，是最早报道雷锋事迹的人。还系着红领巾的时候，我就记住了雷锋的名字，但并不知道发现和宣传雷锋的原委。当这两位采访过雷锋的记者就坐在面前，我对他们的崇敬之情油然而生。他们却谦虚地说：“雷锋不是我们宣传出来的，他早在宣传之前就很有名气了。”

他们告诉我：“1960年秋的一天，沈阳军区前进报社总编辑嵇炳前把我们叫去，说是报社收到一篇自然来稿，反映一个叫雷锋的新战士艰苦朴素的事儿。说着，嵇炳前就把稿子递给我们。我们一看，这个战士入伍还不到一年，捡牙膏皮、补袜子，给人民公社捐款，好事做了很多。当时，国家正是困难时期，提倡艰苦奋斗、奋发图强，雷锋做到这点不简单。嵇炳前就要求我们到部队了解了解，见见这个战士。我们就到了军区工程兵政治部，见到了王副主任，请他给我们找一找雷锋是哪个部队的。王副主任说，雷锋这几天就在沈阳，要到几个学校作忆苦思甜报告。”

雷锋在沈阳实验中学作报告

两位记者一商量，决定去现场感受一下。雷锋到沈阳师范学院作报告那一天，他们和学生坐在一起听。刚开始，有些人还不以为然，一个小战士能跟大学生讲什么？雷锋刚登上讲台，还能听到台下的说话声，但是，随着雷锋的讲述，学生们完全进入雷锋的报告中。雷锋讲自己的苦难身世，学生们心里难过得受不了，雷锋在台上流泪，学生们在台下呜呜地哭。雷锋讲党对他的培养，讲他现在的工作，又引得学生们开心地笑起来。这时口号突然响起来了："雷锋的苦就是我们的苦，雷锋的仇就是我们的仇。"这个同学领着喊完，那个同学又站起来领着喊。"向雷锋学习！""向雷锋学习！"一个平凡的士兵就这样进入大学生的心灵。

两位记者告诉我，当时的场面太激动人心了，他们的情绪深深地受到了感染，都觉得这个小战士实在可爱，他不仅仅是节约的典型，更是新中国新一代青年的代表。会后，他们又和雷锋直接交谈。雷锋谈吐很实在，还给他们看了自己的日记和笔记。他们发现这个小伙子很注重学习，有观点、有思想。嵇炳前那天也听了报告，激动地说要报个大典型。

随后，两位记者找到军区工程兵政治部宣传干事赵志华和摄影员张峻了解情况——他们曾多次采访雷锋，介绍了雷锋许多生动的故事。接着在雷锋当兵的运输连，两位记者见到了连队指导员高士祥，高指导员说："这个战士的特点，一个是艰苦奋斗，一个是助人为乐。他对人民很有感情，对老同志、对工人、对农民，用行动表达了一种发自内心的深厚感情。部队发了 4 块月饼，他送到医院。望花区和平人民公社成立，他就把 200 元钱送去。"

雷锋取款准备捐献给人民公社 季增摄

张峻更为生动地讲述了雷锋捐款的事：

“1960 年秋，我和团里的宣传助理员拿着雷锋所在团收到的地方表扬雷锋的两封来信，再次来到雷锋所在的运输连进行核实。一封信是抚顺市望花区和平人民公社感谢雷锋送捐款支援人民公社成立的，一封是辽阳市委的来信，热情赞扬雷锋给灾区人民捐款的深情厚谊。经过调查了解，事实弄清楚了：一次，连队驻地人民群众敲锣打鼓，热烈庆祝人民公社成立，雷锋看到这个情景，立刻跑到储蓄所，把自己在工厂和部队积攒的 200 元钱，全部取了出来，一阵风似的跑到和平人民公社党委办公室，把钱往桌子上一放，说：‘我早就盼望这一天了，这是我的一点心意，请收下吧！’党委办公室的同志很受感动，说：‘我们收下你热爱公社的一片心意，但是，这钱我们不能收，你留着寄回家吧！’雷锋恳切地说：‘人民公社就是我的家呀！假如我的父母还活着，一定不会拒绝他儿子给的钱。’雷锋一再要求，公社仍不肯收，直到雷锋说得流下了眼泪，公社的同志才答应收下一半。这 100 元虽然数目不多，但它给了和平人民公社全体社员一笔精神财富。事隔不久，辽阳地区遭到百年不遇的特大洪水。雷锋在报纸上看到党中央毛主席派飞机给灾区人民运送衣物和粮食，心里想：我这个战士能为灾区人民做点什么呢？他连忙赶写一封慰问信，顶着大雨，跑到邮局，把公社退回的 100 元钱，寄给了辽阳市委……

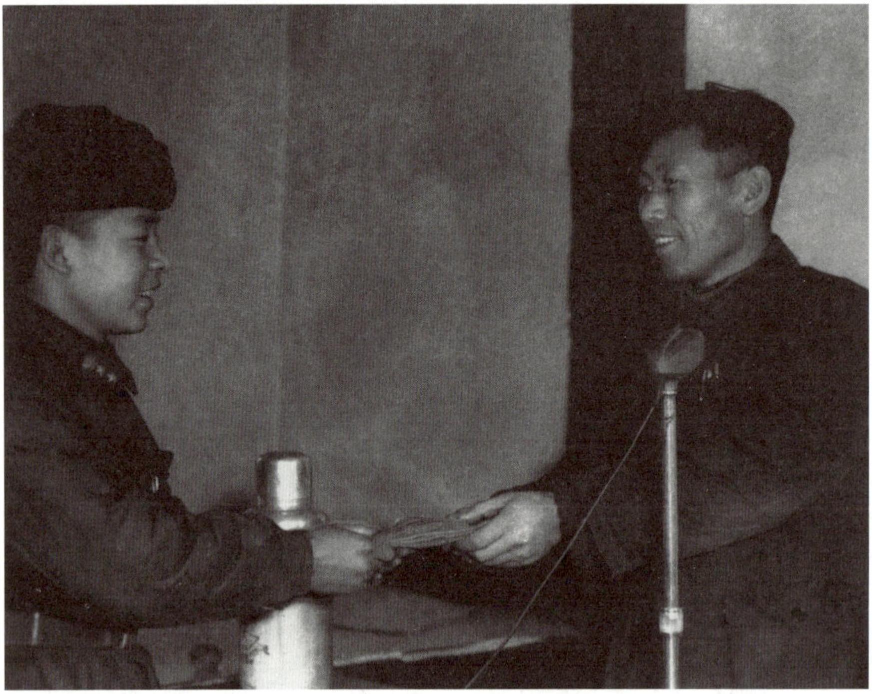

雷锋向抚顺市望花区和平人民公社捐款　季增摄

“雷锋支援人民公社和灾区人民，舍得献出自己的一切，可他自己从来舍不得乱花一分钱。参加解放军后，他每月领到的津贴，除留一角钱交团费，两角钱买肥皂，再用些钱买书，余下的全部存入储蓄所。他穿的袜子不知补了多少次，最后已经补得完全改样了，还舍不得扔。连队发放夏装，每人两套单军装、两件衬衣、两双鞋。雷锋只领一套单军装、一件衬衣、一双鞋。雷锋艰苦奋斗的革命精神，是深受同志们称赞的，但也有个别同志不理解雷锋，说他攒钱不花，真傻！

“雷锋做好事不是冲动，是有追求而且发自内心的。他坦诚率直，也不在乎别人议论。雷锋在日记中写道：有些人说我是‘傻子’，是不对的。我要做一个有利于人民、有利于国家的人。如果说这是‘傻子’，那我是甘心愿意做这样的‘傻子’的。革命需要这样的‘傻子’，建设也需要这样的‘傻子’。我就是长着一个心眼，我一心向着党，向着社会主义，向着共产主义。”

我是在这次采访中，才知道雷锋曾经有过争议。雷锋做的这些好事，早已为广大群众所传颂，但有的人不理解，甚至不相信。

佟希文、李健羽告诉我：“连队也有干部对雷锋持不同意见。有的干部说他爱出风头，做好事是专门给别人看的。那个时候我们写东西很小心，就有意识地让不同意见的同志坐到一起交谈，接受我们的采访。大家心平气和地谈了半天，一开始赞同雷锋的人就占多数，通过交谈，原来对雷锋有些看法的同志也逐渐转变了。团里的韩万金政委说，有点不同意见也很正常，大家在一起交换交换就好了。”

两位记者告诉我：“要说谁是发现雷锋的伯乐，当属韩政委。他本身就是一个‘活雷锋’，自己家里很困难，还给灾区捐款。可是，宣传雷锋时，他不让别人写自己。前些年他去世了。他的先进事迹至今还很少有人知道。”

佟希文还对我说：“电影《雷锋》，你看过吧？还记不记得有个叫王大力的战士扔雷锋的破袜子的镜头，还有雷锋以王大力的名义给王大力的母亲寄去 20 元钱治病用的画面？电影中的王大力总认为雷锋‘小抠’，当他知道是雷锋以他的名义给母亲寄去 20 元钱之后，才改变了对雷锋的看法。这都是根据真实事件改编的。”

那时的抚顺，正在准备建设少年管教所。青年一代教育问题的紧迫性，使佟希文、李健羽对这个一心做好事的小战士，有了更深的认识：“那时就有工读学校，也有少管所，有的孩子是戴着红领巾进去的。大家已经意识到对青年一代教育的重要性了。所以我们想到‘雷锋是党的好后生’这句话。后来我们写的通讯题目就用了这句话。当时国家经济困难，国际环境也对我们不利，但是我们感觉到，只要有党在，有政治骨干力量在，有雷锋这样的好后生在，国家就能稳如泰山。”

他们将稿子写好后，送给嵇炳前看。嵇炳前又把稿子拿给当时的沈阳军区副政委兼政治部主任杜平看。

杜平是一位传奇将领，他出身贫苦农民家庭，却考上了大学，当年就是一个高学历红军。他善于发现典型、宣传典型。他在中国人民志愿军担任政治部主任时，大力主张宣传黄继光、邱少云、罗盛教这些英雄。他们后来成为新中国“最

杜平，1908 年 12 月 6 日生于江西万载一个贫苦农民家庭。7 岁入学读书，成绩优异。1927 年 7 月考入湖南群治大学特科读书。1929 年冬辍学回家，参加中共秘密工作。1930 年参加中国工农红军，同年加入中国共产党。1945 年 4 月，作为正式代表出席中国共产党第七次全国代表大会。新中国成立后，任第四野战军第 13 兵团政治部主任。1950 年 10 月参加抗美援朝，任中国人民志愿军政治部主任。1954 年回国后，历任东北军区政治部主任、沈阳军区副政委兼政治部主任、南京军区政委、中共中央军委委员。1982 年、1987 年被选为中共中央顾问委员会委员。1999 年 3 月 4 日在南京逝世。杜平培育和宣传了闻名全军全国的先进典型雷锋和“南京路上好八连”。

可爱的人”。他从稿件中看到雷锋的事迹后，眼前一亮，第一感觉就是“罕见”。他提笔写道：“一个人入伍前，当工人多次被评为红旗手、劳动模范、先进工作者；入伍后，工作学习一直表现优异，被评为节约标兵、模范共青团员，做了很多好事却从不留下姓名，这在和平时期建军史上是罕见的，这是一个很好的典型。”

杜平从雷锋身上看到了什么？似乎觉得言犹未尽，杜平又写道：“雷锋同志受的苦难，是整个阶级、民族的苦难。解放前，有像雷锋同志那样遭遇的人比比皆是，他只是千千万万受苦受难人中的一个。解放后，全国人民在党和毛主席的领导下，彻底翻了身，正为建设美好幸福的新生活而忘我地劳动，可是有的人竟在短短的11年中忘了本，身在福中不知福。因此，雷锋同志这种精神显得十分重要，值得学习。”杜平又将原标题《党的好后生》改为《毛主席的好战士》，这才把稿子交给了嵇炳前。

1960年11月26日，沈阳军区《前进》报头版头条以《毛主席的好战士》为题刊登雷锋事迹通讯，并配发社论《不忘过去　奋发图强》。同时，头版还刊登了《授予雷锋同志模范共青团员称号——军区工程兵党委作出决定号召大家向雷锋同志学习》的消息，其他版面则刊登了雷锋同志日记摘抄和照片。《前进》报每期只有4个版面，雷锋事迹宣传就用了两个半版，而且头版还套红，这在报史上是罕见的，足以证明沈阳军区对雷锋这个先进典型的极大重视。这篇稿件，还同时发给了新华社总社、解放军报社、辽宁日报社、共青团员杂志社、辽宁工人报社、沈阳日报社。但各报刊标题关键词都作了修改：《解放军报》叫“茁壮的新苗”，《辽宁日报》叫“红色的战士”，《中国青年报》叫“苦孩子成为优秀的人民战士”。沈阳军区同时提出了“学雷锋、赶雷锋、超雷锋”的口号。雷锋的名字就这样传遍了东北大地。

前进

QIAN JIN

毛主席的好战士

授予雷锋同志模范共青团员称号

军区工程兵党委作出决定号召大家向雷锋同志学习

《前进》报头版套红宣传雷锋事迹

当年的情景犹在眼前，两位记者激动地说："雷锋的出现好像把部队激活了，驻东三省的部队和地方单位纷纷请雷锋去作报告，空军机场、海军舰艇、工厂车间、农村打谷场，到处都讲，雷锋嗓子都讲哑了。大家都说雷锋像一团火，他走到哪里，哪里就出现火热的场面。雷锋所在工兵十团驻防的抚顺市，广大青年热烈开展学雷锋活动，报纸上出现了不少学习雷锋好青年的事迹。后来我们又写了两篇文章，一篇叫《千锤百炼》，讲雷锋在党的教育下成长；另一篇叫《千万个雷锋在成长》，反映雷锋在青年中产生的巨大反响。当时雷锋的名字在辽宁基本上是家喻户晓了，并开始在全国产生一定的影响。中国青年出版社很快就来了封信，要我们写一本雷锋的书。因为要南下到前线去采访，我们就把这个任务推辞了。"

2.“十里长街”送雷锋

1962年，佟希文、李健羽在完成南下一线采访任务后，从广州往回走，刚到沈阳就惊闻雷锋因公殉职的噩耗。“我们心里那个难过啊，当时一下子就说不出话了，感情上真吃不消啊！后来听说团里要给雷锋治丧，抚顺市很重视，党、政、工、青、妇都派代表参加了公祭大会和送灵。公祭大会是在望花区一个大礼堂里办的。自发来参加送别的人太多了，当时礼堂里面装不下，就在外面架了高音喇叭，外面人山人海。送葬路上挤满了人。街道两旁都扎上了白花。也是‘十里长街’啊。我们对毛主席‘虽死犹生’这句话感触很深，认为雷锋是够得上的。听过他作报告的人，他直接帮助过的人，从报刊、电台上了解他的人，都自觉地向雷锋学习。这样，没等上面号召，辽宁很多地方，都自发开展向雷锋学习的活动了。雷锋所在部队的人大有不够之感，只要是和雷锋相处过的，就请他们出去作报告。团里要办雷锋展览，地方就送来了钱。”

对这段过程，了解最清楚的还属陈广生。雷锋活着的时候，陈广生为了采写雷锋的事迹，曾跟车采访。他把雷锋的助手乔安山打发下车，坐到雷锋那辆车的副驾驶座，跟雷锋拉粮运菜，长途奔波，顺带进行采访。1961 年春天，陈广生曾为雷锋写过一篇 37000 字的报告文学作品《向阳坡上长劲苗》，军区工程兵政治部将其打印若干份，分送有关领导和军内外报刊编辑部审阅。这年初夏，陈广生在军区政治部组织部听到雷锋被预选为国庆观礼代表的消息，特别高兴，因为他知道雷锋不知做了多少回进北京见毛主席的梦。

带着喜悦的心情，陈广生去营口改写关于雷锋的报告文学作品。不料，8 月 15 日下午，团里韩万金政委叫人打电话告诉他，尽快赶回来参加雷锋的治丧活动。陈广生怀着沉痛的心情连夜返回驻地。在医院里雷锋遗体旁，陈广生泪流如注。他听到雷锋所在连副连长说："你死了，不如我死了……"此时此刻，在他心里翻腾的也是这句话！他参加了治丧小组的工作，同组织股股长一起给雷锋写悼词，又去租礼堂写挽联，筹备公祭大会，向各有关单位、部门、人士发讣告。开公祭大会那天，不请自来的学生、工人、居民特别多，小礼堂根本装不下，为了让门外的群众能听到哀乐和公祭大会进行的情况，陈广生亲自扯线爬到门上去安了个大喇叭……

事故是怎么发生的？一切都来得太突然了。

1962 年 8 月，暴风雨三天两头袭扰辽阳，一场百年不遇的洪灾暴发了。14 日晚上 10 点，工兵十团团长吴海山接到工兵营的紧急电话，说在100公里外执行任务的工兵营，由于连降暴雨，物资供应不上，全营仅剩一天的粮食了，请求团里紧急支援。吴团长放下电话，立即安排有关人员，派车连夜送粮。

运输连接到了运粮的任务，连长虞仁昌把送粮任务交给了雷锋。雷锋和助手乔安山连夜装车出发了。路上，遇到了一处塌方路段，他们跳下车用铁锹铲，用手搬，一段一段艰难地前行。终于，在15日早上7点多钟，雷锋他们把粮食送到了工兵营。他们谢绝了工兵营的挽留，连早饭也没有吃，就开车返回了。回到运输连时，还不到上午10点。雷锋到连部向虞连长报告：“听说汛期快到了，需要把给养和器材运足。我的车子已到三级保养时间，车况不太好，需要尽早安排保养才好。”虞连长答道：“车辆保养连里会安排的，你去休息吧。”雷锋为了尽快保养汽车，就拉住虞连长说：“连长，我有个建议，我这个车就不要送团里修理所了，我们修理班就能保养，重要零件再拿到修理所去加工吧。”虞连长听了非常高兴，对雷锋说：“这个意见很好。快回去休息吧。”

雷锋从连部回来，告诉乔安山，连长同意他们自己保养车辆。雷锋说：“咱们现在把车开到九连伙房门前冲洗，下午请王教员和白副连长帮我们保养车子。”说完，他们两个人就争抢手摇把子摇车，结果还是雷锋把手摇把子抢过去了，乔安山只好坐到驾驶室里开车。汽车发动后，雷锋拿着手摇把子抄近道到九连伙房门前等候。去九连的路上有个直角弯，左右回旋余地很小，很不好拐。乔安山把车停下来喊雷锋：“班长，你看看能不能撞上房子？”雷锋走过来，左右看看，问：“方向盘打死没有？”乔安山说：“打死了。”雷锋站得离车很近，几乎靠近了脚踏板，他在车的左前方指挥乔安山开车。乔安山挂挡起步，边开边问：“怎么样，没事吧？”雷锋说：“没事，往前开吧。”可就在车刚超过雷锋的一刹那，车的左后侧突然将一根平时用来晾衣服的木杆挤倒了，木杆正好砸在雷锋的头部。悲剧发生了。

乔安山把车开到九连伙房门口停下来，下车找雷锋时，才发现雷锋倒在地上。乔安山赶紧跑过去，看到雷锋太阳穴上起了一个鸡蛋大的包，鼻子和嘴一直往外流血。乔安山吓得抱着雷锋的头大哭：“班长！班长！”这时，其他几个战士也跑过来了。“快叫连长！”乔安山喊着。战士韩振马急三火四地跑进连部，气喘吁吁地报告：“连长，不好了，雷锋出事了。”虞连长立即跑到连部后面，只见乔安山把雷锋扶坐在地上，雷锋左眼圈发紫，左鼻孔流出淡淡的血水，旁边倒着一根被撞断了的木杆。他蹲下去大声喊：“雷锋！雷锋！”雷锋闭着眼没有回应。虞连长大声吼道：“快把教练场的教练车开过来。”很快，汽车教员王广湘把车开了过来。虞连长把雷锋抱上车，让车直接开往望花西部医院。一到医院他背起雷锋直奔二楼抢救室。抢救中雷锋体温过高，他急忙到楼下买了一箱冰棍送进去给雷锋降温。这边体温刚降下来，那边呼吸突然停住了，医生立刻进行人工呼吸，呼吸恢复了。这时，一位医生说：“谁是负责人？跟我来一下。”虞连长跟他进了一个小房间，医生说：“伤势很重，是颅骨骨折，内部出血，生命有危险。”

虞连长惊呆了。他含着眼泪对医生说：“请你们无论如何，要千方百计地抢救他呀！”医生提笔就写了一张字条说：“快些派车去沈阳军区总院，把脑外科段主任请来。”虞连长拿了字条跑回连队，对副连长白福祖说：“你快点，马上开车到沈阳总院去接医生。”白副连长接过医生写的字条，流着眼泪说：“只要能把雷锋同志治好救活，我牺牲生命也愿意。”

送走白副连长，虞连长跑回医院，雷锋的呼吸又停了。医生征得虞连长的同意，对雷锋实施了气管插管术恢复呼吸，只见雷锋的腹部起伏了几下，呼吸又停止了。医生对虞连长说：“不行了，你们料理后事吧。”在场的人一听，个个失声痛哭。

> 我把雷锋的衣服解开，给他擦洗身体，用脸贴在他的肚子上，感到温暖柔和，总不相信他会死去。又去找医生说：“他身体的温度好好的，请你们再抢救一下吧，要血要肉我们都可以办到，只要雷锋能活着，要什么都行。”医生歉疚地说：“他是脑挫伤，内部出血……”这时，我彻底绝望了，眼前一片白雾，扇着自己的耳光，“你怎么这么无能，这么无能……这么好的战士啊！都没有保护住……”
>
> ——虞仁昌

雷锋被送往医院抢救时，运输连指导员高士祥正在团里开会。听到雷锋出事的消息，他一下子蒙了。当他和韩政委一起赶到医院时，正好看到虞连长在给雷锋换新衣服，他控制不住地大声哭了起来。

就这样，雷锋一句话也没留，这只南来的燕子飞走了……

面带微笑的雷锋　季增摄

雷锋牺牲的消息传到时任抚顺市委书记沈越耳中。雷锋生前，沈越曾见过他几次，这个小战士还是抚顺最年轻的人大代表，他对党的感情特别深，为群众做了很多好事。雷锋的牺牲使沈越陷入悲痛之中，他通知市广播电台向全市广播：人民的好儿子、毛主席的好战士雷锋走了，要向他学习。他又打电话给连队，问连队有什么需要。连队说天气热，需要冰块保护遗体，还要准备棺木。沈越说：“冰块我让市里送来。棺木不要买了，我来办。”放下电话，他让人把自己给老母亲准备的寿棺送来，用来安葬人民的好儿子雷锋。

悲痛笼罩着抚顺，成千上万抚顺老百姓自发走上街头为一名普通士兵送别，人民用隆重的葬礼安葬了这位人民的好儿子。

8 月 17 日，雷锋牺牲第三天的下午 1 点，公祭雷锋大会在望花区一个大礼堂举行。参加公祭大会的有沈阳军区领导、军区工程兵部队领导，还有抚顺市党、政、工、青、妇各级领导和望花区的党政领导，雷锋的战友和抚顺市各学校的学生代表。雷锋生前帮助过的人，知道他名字的人，许多群众从广播里听到消息都自发地赶来，参加公祭大会的人数远远超过了预想的规模。从和平大街到戈布烈士公墓，一路都是为雷锋送行的群众。

> 会场内外、大院内外全是人，送来的花圈也数不清有多少，光往戈布烈士公墓拉花圈，就用了好几台“大解放”。送葬的队伍浩浩荡荡，我从来没有见过这么大的场面。从望花区政府礼堂到戈布烈士公墓这么长的路，路两边全是人。
>
> ——高士祥

人们都知道，我们敬爱的周总理逝世，几十上百万人自发地戴着白花，十里长街送总理。但很多人不知道，送别雷锋，也是十里长街哀声不绝。司马迁说过：“人固有一死，或重于泰山，或轻于鸿毛。”无论是国家总理，还是普通士兵，只要是为人民而死，他的死就重于泰山。

——陈广生

雷锋的灵柩被缓缓放入墓穴中，大家眼含泪水注视着，谁也不愿覆土封墓，“盖土吧……”悲怆的声音在送葬的人群中响起。军区工程兵领导铲起第一铲土，轻轻地撒在雷锋的灵柩上，随后，抚顺市领导和工兵十团领导以及团里的官兵代表先后填土，慢慢地，一个高高的墓堆堆起来了。这时，一位大娘突然趴在坟上，哭叫着：“儿子，儿子，你回来，你回来。”她叫张士霞，家在部队驻地附近，儿子在朝鲜战场牺牲了，雷锋认她做干妈，经常去家里照顾她，她把雷锋当作亲儿子。看着极度悲伤的张大娘，技术营教导员陈国辅再也忍不住了，他把她扶起来：“大娘啊，雷锋不在了，我们在，我们都是你的儿子。雷锋没做完的事情，我们要接着做下去。”

就为了这一句誓言，陈国辅一辈子学雷锋。从部队转业到四川省宜宾市兴文县后，他始终践行“只要有益于人民的事就要一直做下去”的庄严承诺，无怨无悔为党工作、为人民服务。退休后，他离职不离岗，把全部精力奉献在为党和人民的事业增添正能量上。先后扶助 546 名品学兼优的贫困生顺利进入大学校门，挽救了 46 名违法失足青少年，敦促建成了红军烈士陵园、红军川南游击纵队纪念碑等 9 处爱国主义教育基地（点），组建宣讲团为十多万人宣讲革命传统。荣获“中国好人”“全国关心下一代先进工作者”等荣誉称号。2019 年，获评“全国岗位学雷锋标兵”“全国模范退役军人”。陈国辅是“退休不褪色、越老越先进”的当代“活雷锋”。

雷锋墓前，临时立了一块木质的墓碑，上面写着：

中国人民解放军三三一七部队班长　抚顺市人民代表

雷锋烈士之墓

雷锋生前在两所学校担任少先队辅导员，辅导了一批孩子。他们对雷锋叔叔的感情特别深，听说雷锋叔叔不在了，都跑去送葬，孙桂琴就是这批孩子中的一个。几十年后，孙桂琴流着眼泪告诉我：“我和同学赶到墓地时，只见我们的雷锋叔叔已经成为一座‘山’，同学们哭着，呼叫着自己亲爱的雷锋叔叔，摘下胸前的红领巾，连接成一个大大的红领巾花环，套在了雷锋墓上，表达我们的思念。”

雷锋牺牲引起的巨大悲痛是立体的、全方位的。沈阳军区政委赖传珠上将万分悲痛，这位早在 1927 年 4 月就加入中国共产党的老党员，怎么也接受不了毛主席的好战士雷锋牺牲的现实。

1961 年 2 月 25 日，在沈阳市各界青年联欢会上，赖传珠说：“怎么雷锋还是个班长？应该把他提起来，先提到连队领导岗位上锻炼锻炼。”当时曾传说，雷锋要被破格提拔为连队副指导员。但是，团党委认为雷锋还年轻，服役还不满三年，还要继续锻炼。现在看来，无论是首长提议破格“提拔”，还是基层领导觉得要继续“锻炼”，都是对雷锋的关心培养。

赖传珠悲痛地写道：“永生的战士，光辉的榜样。”他对机关的同志说，不能简单地当意外事故处理，雷锋是因公殉职的，应作为先进典型继续宣传，并要上报解放军总政治部。

赖传珠（1910—1965），江西赣县（今赣州）人。1927 年加入中国共产党，1928 年参加工农革命军。历任中国工农红军第四军连党代表，第三十三团团长兼政治委员，第三十七师政治委员，红一军团第一师政治委员、军团组织部副部长，红一方面军司令部六科科长，中共陕甘宁省委军事部代部长，新四军江北指挥部参谋长，新四军第一纵队政治委员，东满军区副司令员，东北民主联军第六纵队政治委员，第四野战军第四十三军政治委员，第十五兵团政治委员。参加古田会议，参加长征，参加辽沈战役、平津战役、湘赣战役、广东战役与解放海南岛、解放万山群岛等战役战斗。中华人民共和国成立后，历任第十三兵团政治委员、中国人民解放军总干部管理部第一副部长、北京军区政治委员、沈阳军区政治委员。1955 年被授予上将军衔，并获一级八一勋章、一级独立自由勋章、一级解放勋章。

对于雷锋的不幸殉职，杜平十分痛惜。从发现雷锋、宣传雷锋，到全区部队学习雷锋，不仅众多青年官兵深受感染，连许多打过仗的老同志也感到深受教育。人们从雷锋身上看到了新中国的青年人、新中国的革命军人，应该怎么为建设祖国、保卫祖国，发出自己的光和热。雷锋同志的精神应该持续学习，但当时也有些同志就事故看事故，

认为好像雷锋该“翻篇”了。一连多日，杜平茶饭不思，夜不能寐，邱少云、罗盛教等一个个英雄，又浮现在他眼前。他想起邱少云评功的事情。邱少云牺牲后，他所在的团准备给他报三等功。在讨论时，有不同意见。有的同志认为邱少云在战场上没放一枪一弹，按规定评一个三等功就算顶天了，但杜平等人提出应给他评一等功，因为他忍受着常人无法忍受的痛苦，为整体利益献出了生命，这样的钢铁意志是我们永远不该丢掉的精神财富。最后，中国人民志愿军总部授予邱少云“一级英雄”荣誉称号，并追记特等功一次。

邱少云（1926—1952），男，汉族，四川铜梁（今重庆市铜梁区）人。中国人民志愿军第十五军八十七团九连战士。1952 年 10 月中旬，在抗美援朝一次战斗中，邱少云所在营奉命担负潜伏任务。执行任务中，邱少云在距敌前沿阵地 60 多米的草丛中潜伏时，敌人突然向潜伏区逼近，为了掩护潜伏部队，指挥所命令炮兵对敌进行打击。敌人遭到打击后出动飞机侦察，发射侦察燃烧弹。一颗燃烧弹正好落在邱少云身边，烧着了他的棉衣、头发和皮肉。他身旁就是水沟，只要往水沟里一滚，就可以把火扑灭。但为了不暴露潜伏部队，他以惊人的毅力忍受剧痛，一声不吭，一动不动，直至壮烈牺牲，当时年仅 26 岁。上级党委追认他为中国共产党党员。他被中国人民志愿军总部授予“一级英雄”荣誉称号，并追记特等功一次。朝鲜民主主义人民共和国追授他英雄称号和金星奖章、一级国旗勋章。2019 年 9 月 25 日，入选“最美奋斗者”。

杜平对政治部的同志说：“雷锋这个全心全意为人民服务的典型，具有强烈的时代精神，应该给予充分肯定。不能因为出了事故就抹杀这个先进人物。事故是一回事，事迹又是一回事，绝不能把两者看成

是一个问题，必须分开。”

于是，沈阳军区将雷锋事迹和日记上报总政治部，并呈报毛主席阅。时隔几十年观察，综合大量事实分析，“向雷锋同志学习”的题词不能简单说“是谁推动的”，它融合了方方面面的力量，有扎实的铺垫。

雷锋和孩子们　季增摄

3. 巨大的震动

雷锋安葬几天后，他生前辅导过的建设路小学和本溪路小学的少先队员们派代表到部队，提出："我们见不到雷锋叔叔，也要看看他用过的东西。"韩政委当场答应："一定要满足孩子们的愿望！"于是把这项任务交给了陈广生。陈广生决定在雷锋生前所在的运输连布置一个展览。他选定空置的营房，领十几个人粉刷四壁，然后把雷锋的遗物——大到皮箱，小到鞋带，用过的武器、读过的《毛泽东选集》，还有日记本和笔……一件件展示出来。陈广生还逐一在绿胶合板上书写了说明词，然后请两所小学的同学们来参观。

展览雷锋遗物的消息不胫而走，驻地附近的工人、机关干部和居民纷纷赶来参观。为了满足群众的需要，部队将展览挪到了团里，设立了"雷锋烈士生平事迹展览室"。展出不到20天，就接待了近万名参观者。

抚顺市委联系工兵十团，提议把展览搬到市里去，让更多的人了解、学习雷锋。韩政委亲自带人到运输连再次整理、挑选雷锋的遗物。团政治处秘书冷宽从中选出了最有代表性的10件，作为雷锋的重要遗物。它们是雷锋生前学习过的《毛泽东选集》一至四卷、驾驶过的13号汽车、使用过的冲锋枪、训练用的手榴弹、雨夜送大嫂回家的雨衣、体现艰苦奋斗精神的节约箱、当校外辅导员时佩戴的红领巾、为战友和群众理发用的工具、随身携带的针线包，还有装书籍、笔记本和钢笔的黄书包。

雷锋在驾驶室学习《毛泽东选集》　季增摄

11月20日，展览开幕，抚顺市委书记沈越带着书记处书记王怀义、陈建新、吕鸿安等领导参观了雷锋烈士事迹展览，并共同题词“全市共产党员、共青团员都要向雷锋同志学习”。仅三个多月的时间，抚顺市就有28万人次观看这个展览。在抚顺的影响下，辽宁省9个市和12个县建设了12个大型展览室和100多个小型展览室，展出雷锋照片和遗物。以抚顺为起点，雷锋事迹在全省传播开来。北京的军事博物馆也来了人，提出雷锋是军人，他的全部遗物原件要由军事博物馆收藏，于是将全部展品搬到北京展出，照原样复制了一套留给了抚顺。

在宣传上，《抚顺日报》捷足先登，干脆请部队把陈广生“借”给他们，封闭到市招待所突击撰写雷锋的故事。陈广生白天作报告，晚上写稿子，每天要撰写一篇2000多字的稿件，当天写第二天见报，简直忙坏了。那时“爬格子”，全靠手写，改了稿子还要誊写清楚，陈广生忙不过来，就找到建设路小学的张赤老师帮忙。

雷锋曾担任建设路小学和本溪路小学的校外辅导员。张赤在建设路小学任德育辅导员，和雷锋接触很多。雷锋牺牲以后，她就接待各个方面来采访的或者是来了解情况的同志。陈广生过去来得就不少，现在写这么大的稿子来得就更多了。两人熟悉起来。张赤体谅陈广生辛苦，而陈广生也需要张赤帮忙抄稿子。张赤就利用休息时间坐电车到市里的招待所帮助陈广生。就这样，两人成了朋友，1963年6月结了婚。“有人开玩笑说，雷锋是我们俩的介绍人，因为当时一般搞对象都得有介绍人，我们没有介绍人，所以雷锋就是我们的‘介绍人’。后来，当我们快确定关系的时候，我们学校的党支部书记刘桂菊和运输连的指导员高士祥，当了我们两方的介绍人。”60年后，张赤回忆往事，一脸甜蜜的样子。

在张赤的帮助下，陈广生不负众望，终于成稿。这就是在《抚顺日报》上连载24天、长达5万字的长篇通讯《毛主席的好战士》。抚顺市人民广播电台从1962年11月19日到12月1日，每天晚上6时40分黄金时段连续播讲雷锋生平事迹。那段时间，抚顺的百姓白天抢报纸看，晚上听广播，雷锋的故事感动了无数人。工兵十团的雷锋战友更是分不开身，这里请那里要，给全市机关、厂矿、学校作了41场报告，听众近7万人。抚顺市的工矿企业开展了“学雷锋见行动，增产节约打先锋”活动；财贸战线开展了“学雷锋全心全意为人民”活动；各学校开展了“学雷锋，树新风，做移风易俗好青年”活动。

陈广生亲身感受到一个普通战士的去世在人民群众中引起的巨大震动，这对一个喜爱文学创作的人来说，无疑是对创作灵感之门的一次巨大撞击。雷锋去世后，这位曾经参加过电影《地雷战》创作的文化干事，在后半辈子里，为写雷锋、宣传雷锋，倾注了自己全部的心血。

看到人民群众渴望宣传和学习雷锋的热情，佟希文、李健羽激动得不得了，赶紧给新华社总社汇报：雷锋的影响很大，希望能继续报道。后来，辽宁日报社又派记者彭定安和陈广生两人采写了一篇长篇通讯，题名叫《永生的战士》，署名是“陈广生、波阳”。这篇文章不仅在《辽宁日报》刊登，还被《中国青年报》和《人民工兵》杂志相继转载。

《辽宁日报》长篇报道《永生的战士》

佟希文、李健羽介绍说："这篇报道是在雷锋牺牲后，反映雷锋事迹最充分的一篇。《辽宁日报》还选登了一些雷锋日记，搞了些杂文，影响相当大。《人民日报》也跟上了，派来一个编委，叫张超。他是1963年春节前来的，当时离春节只剩10天了，他叫我们赶紧拟一篇雷锋的报道。由于这一年多我们在前线，没有对雷锋追踪采访，手头材料不多，就又派了两个同志，一个叫甄为民，一个叫雷润明，他们都是新华社辽宁分社的。我们分头下去采访，在大年三十把通讯赶写出来了。1963年2月7日，《人民日报》以《毛主席的好战士——雷锋》为题刊登了这篇通讯并配发了评论员文章《伟大的普通一兵》，还发了大半个版的雷锋日记。《人民日报》是党中央的机关报，为了宣传一个士兵，用两个整版加半个版的篇幅一下子发出那么多文稿，这是新中国成立以来少有的！新华社发通稿介绍《人民日报》的雷锋事迹宣传，

2月8日通稿在各大报纸头版刊登。

“一两天后，人民日报社社长吴冷西打电话给我们，说刊登雷锋事迹的报纸发出去当天，周总理亲自打来电话。总理说：‘雷锋是个好战士啊！要估计到这个战士影响很大，需要很好地宣传这个典型。’总理还说，事实一定要核对好。比如，‘唱支山歌给党听’这首诗，好像在哪里看过，是不是雷锋说的？再比如，‘对待同志像春天般的温暖’，那段话是不是雷锋自己的语言？吴冷西要求我们根据总理的指示，先把事实核对好。”

周总理这个指示对吴冷西、对《人民日报》来说太重要了。雷锋的报道在《人民日报》刊登得太大、太突出了，引起了一些不同声音，报社也接到这样的电话：你们想干什么？他要是打仗牺牲了，是个英雄，《人民日报》得登多少版？但是，周总理的电话是另一种态度——总理是给报社鼓劲来的。

佟希文、李健羽说：“沈阳军区政治部都行动起来了。军区让前进报社政工科科长董祖修组织人整理雷锋日记，因为要得很急，雷锋日记全拆开了，整理完以后又让印刷厂复原，现在这些日记都有存档。有人说，雷锋日记是找人模仿笔迹写的，这纯粹是胡说八道，我们都清楚。季增同志是工兵十团摄影员，曾参加过雷锋遗物的整理工作。有人问他，以前发表的《雷锋日记》和《雷锋的故事》都真实吗，有没有‘水分’？季增回答：‘没有，绝对没有！雷锋同志牺牲后，我参加了他的遗物整理工作。他的那些日记都是真的，我当时都看过，与报上发表的《雷锋日记》是一致的，没有谁去更改它。'《雷锋日记》的原稿至今还保存在军事博物馆。至于《雷锋的故事》，那也都是真事。在调查和整理雷锋事迹的时候，每一件事都有旁证材料，是有据可查的，确实没有'水分'。当时军区政治部首长要求很严，大会上讲宣传雷锋谁造假开除谁党籍！

"军区还把雷锋的事迹汇报给军委。国务院副总理、中央军委秘书长罗瑞卿专门指示'要好好宣传'。在一次会议上，罗瑞卿讲道：'我们军队又出了一个好战士。'他站起来，手里拿着一张刊登雷锋事迹的地方报纸，指着上面说：'军报要好好宣传，就要登上这么大。'《中国青年报》老军事记者李挺基至今还清楚地记得当时罗秘书长讲话时的大嗓门。

"有了罗秘书长的指示，2 月 8 日《解放军报》头版头条刊登了新华社介绍《人民日报》宣传雷锋事迹的报道，第三版刊发了署名'本报特约记者陈广生'的长篇通讯《伟大的战士》。2 月 9 日，《解放军报》又在第一版刊发社论《像雷锋那样做个毛主席的好战士》。2 月 11 日，《解放军报》在第一版头条位置刊登了解放军总政治部号召全军开展宣传和学习雷锋活动的通知，在第二版用三分之二的版面刊登了《雷锋日记摘抄》。中央报刊的'强手出击'，扩大了雷锋事迹的影响。

"现在看来，对雷锋的宣传突破了我军历史上所有英模宣传的格局，这不是哪个人要突破的，是群众的推动，群众要求向雷锋学习，也是毛主席为雷锋题词的深厚基础。"

4. 胆大的“中青人”

1963年2月16日，毛主席的秘书林克接到传达室一个电话，说是中国青年杂志社送来一封给毛主席的信。林克让人取回来信，打开看后，知道了来信者的意图。

1989年11月，我在中国青年杂志社见到了总编辑邢方群，那时他已两鬓如霜。谈起26年前给毛主席写信的事情，邢总编仍然激情飞扬。

“1963年的早春啊，太难忘了！尽管天气寒冷，人们还捂得严严实实的，但心里激荡着一股暖流。学雷锋的春潮已在辽宁等地涌动，许多报刊报道了雷锋的事迹。当时我们杂志社一位记者在辽宁亲眼看见群众自发开展学雷锋活动，便加紧采访，掌握了包括《雷锋日记》在内的大量素材。2月11日，我召集编委会研究，大家一致认为雷锋是个时代的典型。但是怎样宣传呢？显然，杂志要想后来居上，就要更集中一些，更有深度，更有声势。大家经过热烈讨论和研究，决定出一期学雷锋专辑，并请毛主席和周总理题词。当时有点犹豫：毛主席工作那么忙，会不会题词？最后大家都认为，毛主席非常关心《中国青年》杂志，对宣传雷锋不会不支持，便决定试试看。大约在2月中旬，编辑部给毛主席写了一封请求为雷锋同志题词的信。”

当时，起草给毛主席信的是中国青年杂志社思想修养组的编辑朱伯颖，据他晚年回忆，给毛主席的信起草好后，又经过中国青年杂志社领导的反复斟酌、修改才定稿。信中写道：“现在全国已掀起一个向雷锋同志学习的热潮，我们《中国青年》杂志拟出一期学习雷锋的专号，向全国人民推荐这个先进典型，教育青年一代在社会主义建设时期更好地锻炼成长，恳请您老人家为雷锋题词。”信拟好后，请总编室毛笔字写得不错的同志用一张宣纸抄写，再在信封上写上“中南海，呈毛主席”，信在2月16日送出去。因为当时是朱伯颖起草这封信初稿的，就由他来与毛主席办公室联系。信送到中南海西门传达室。

林克回忆，当天，值班警卫打电话告诉他，毛主席已经醒了。根据多年的习惯，毛主席醒后的第一件事就是要秘书把最新收到的文件、资料送给他。因此，在接到电话后，林克立即拿出要送给主席批办和阅处的文件和资料，来到主席寝室，其中有《中国青年》杂志请主席题词的信。林克把文件、资料放在主席床头的长桌上，面对着毛主席，向他汇报了需要批阅的文件、重大的国际新闻，然后，提到了中国青年杂志社请他题词的信。林克汇报的时候，毛主席一直看着他，但没有说什么。

大概两天后，朱伯颖打电话去问，毛主席看到信了吗，答应题词了吗？林克说，信收到了，主席也看了，但没有表态。

朱伯颖把这个情况告诉邢方群，大家一起推测：主席没有表态，也就是没有拒绝，那就还有希望，耐心等一等。

又过了两天，朱伯颖又给林克打电话，当时，他心里很紧张，电话筒拿到手里感到沉，心里翻腾："主席操劳国家大事，太忙了，万一不给我们题词，也没辙。"

曾经当过记者的林克，倒是很理解这些年轻同行的心情，更知道毛主席平易近人的风范。中国青年杂志社的同志一次次打电话催问，他都热情接听。这次，林克告诉了一个好消息："毛主席答应了，要给你们题词。"

电话这头的朱伯颖那个高兴啊，差点儿就欢呼了。他赶紧把这个好消息告诉邢方群，大家都听到了，停下了手中的活，来到总编办公室，高兴得都叫好。邢方群笑呵呵地看着朱伯颖说："还得再给毛主席说说，我们社里准备3月1日出学习雷锋

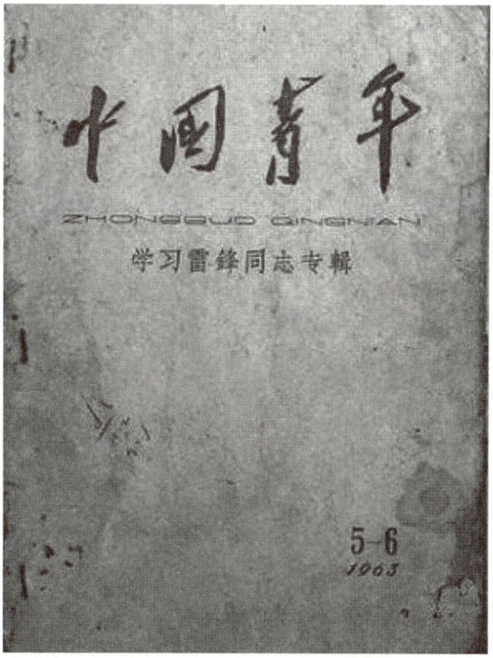

《中国青年》杂志学习雷锋同志专辑

专辑，编辑印刷需要一周时间，希望毛主席在2月25日前题好。”朱伯颖又一次拨通了林克的电话，林克很爽快，说：“我报告主席。”

其后的几天里，中国青年杂志社的电话机，成了大家最关注的宝贝，电话一响，都扭头去听。“毛主席办公室来电话了？”盼了一天又一天，大家心里急呀，都知道毛主席日理万机，不应该催主席，但又盼着主席早点题词。

当时，毛主席已经看过这封信，林克把中国青年杂志社的要求，报告给了毛主席。毛主席让林克先拟几个题词供他参考。

林克认真学习了雷锋事迹，拟写了十几句话，如“学习雷锋同志全心全意为人民服务的思想”“学习雷锋同志鲜明的阶级立场”“学习雷锋同志大公无私的共产主义风格”“学习雷锋同志艰苦朴素的作风”等等，然后交给了毛主席。

其实，在中国青年杂志社的同志们来信之前，毛主席早就听说了雷锋的事迹。对于雷锋的名字，他知道得就更早了。

几个月前，在武汉东湖宾馆，毛主席阅读《解放军画报》，其中《五好战士与红领巾》引起了他的注意，这篇报道说的就是雷锋。旧社会的一个苦孩子，在新中国当上了两所学校的辅导员，这是劳动人民的自豪，是解放军的光荣。这个小战士长了个圆脸蛋，脸上挂着灿烂的微笑，他辅导孩子们学习，带着孩子们到地里参加劳动，教孩子们艰苦朴素。

雷锋辅导孩子们学习　季增摄

1963 年 2 月初，《人民日报》《解放军报》《中国青年报》等，在十几天时间里集中报道了雷锋的生平事迹，发表了相关社论、评论，引起了毛主席的高度重视，他仔细阅读后，深情地对罗瑞卿说："雷锋值得学习啊！向雷锋学习，也包括我自己，我也向雷锋学习。"

这是毛主席发表"向雷锋同志学习"题词之前，第一次讲出"向雷锋学习"的话。

1963 年 2 月 9 日，号召全军迅速开展宣传和学习雷锋同志模范事迹的活动的通知，由总政治部正式下发全军。《解放军报》在同一天发表了题为《像雷锋那样做个毛主席的好战士》的社论。总政治部还编发了《雷锋日记》，由解放军文艺出版社出版。在这之前，中华人民共和国国防部授予雷锋生前所在班“雷锋班”光荣称号。罗瑞卿为“雷锋班”命名大会题词“伟大的战士——雷锋同志永垂不朽”。《中国青年报》向团中央报告，建议在全国青年中开展学习雷锋同志的活动。2月15日，团中央决定，在全国青少年中广泛开展“学习雷锋”教育活动。

“雷锋班”锦旗

5. 宏大的视野

一支军队出现“烈火金刚”式的英雄，不足为奇，但出现像雷锋这样做好事的道德模范，却令人耳目一新。从三湾改编，到建立井冈山革命根据地，再到召开古田会议，我们党一直追逐着建立一支真正属于人民的军队的理想。

红军、八路军、新四军、解放军，和一切旧式军队完全不同，每到一地，放下背包就为老百姓挑水扫地，上街宣传，办识字班，组织民兵、儿童团，成为战斗队、生产队、宣传队，展示了人民军队的崭新形象。

抗战胜利前夕，毛主席代表全党又一次宣布：“紧紧地和中国人民站在一起，全心全意地为中国人民服务，就是这个军队的唯一宗旨。”这就是人民军队制胜的根本原因！

雷锋像谁？在战争年代，毛主席曾明确号召学习白求恩、张思德，还有一个老愚公。他们也是雷锋学习的榜样。

1935年，中央红军到达陕北。1937年，全面抗战爆发。1939年，八路军出了个白求恩。白求恩是一个加拿大共产党员，万里迢迢到中国参加反法西斯斗争，来到抗日前线晋察冀边区，以精益求精的医术和对伤员极端热忱、极端负责任的精神，使八路军重伤员的救活率达到80%，同时还为边区老百姓做了很多好事。他自己却在一次紧急手术中受到致命的感染，于1939年11月12日不幸逝世。后来，毛主席在《纪念白求恩》一文中深情地写道："我和白求恩同志只见过一面。后来他给我来过许多信。可是因为忙，仅回过他一封信，还不知他收到没有。对于他的死，我是很悲痛的。现在大家纪念他，可见他的精神感人之深。我们大家要学习他毫无自私自利之心的精神。从这点出发，就可以变为大有利于人民的人。一个人能力有大小，但只要有这点精神，就是一个高尚的人，一个纯粹的人，一个有道德的人，一个脱离了低级趣味的人，一个有益于人民的人。"

1938年，白求恩在延安。翻译介绍道："主席，这位是白求恩先生，著名医生。"毛主席说："我知道你呀，你就是那位受加拿大共产党和美国共产党委派，不远万里来中国参加抗日的白求恩同志。"

在《纪念白求恩》中，毛主席赞扬了白求恩的国际主义精神、共产主义精神，有很多金句流传至今，"毫不利己专门利人""对工作的极端的负责任”“对同志对人民的极端的热忱”“对技术精益求精”。那个时候在打仗，按一般的思维逻辑，这种时候要强调树立一种战斗精神，但是毛主席没有讲，他讲战斗精神背后深层的东西，他讲了如何做人，讲了人的高尚品质，要求大家争做“五种人”。

《纪念白求恩》是做人的教科书，在雷锋的心里打下深深的烙印。请看他的几篇日记——

敬爱的毛主席，我看到您写的《纪念白求恩》这篇文章，深受教育，被感动得流下了热泪。过去有人讽刺我说：“你积极有什么用，那么点的小个子，给你一百五十斤重的担子，你就担不起来。”我听了这话，还埋怨自己为啥长这么点小个子呢！可是，您老人家说：“一个人能力有大小，但只要有这点精神，就是一个高尚的人，一个纯粹的人，一个有道德的人，一个脱离了低级趣味的人，一个有益于人民的人。”这话给我很大鼓舞。个子小，我也要尽我自己最大的力量，做到毫不利己，专门利人，向伟大的国际主义战士白求恩学习。

——《雷锋日记》1960 年 2 月 15 日

毛主席写的《纪念白求恩》这篇文章，我早已读过，并为他的国际主义精神和共产主义精神感动得流出了热泪，对我的教育和启发特别大。他那种毫不利己专门利人的精神，鼓舞和鞭策了我，使我收获不小。

今天副指导员又给我们上了这一课，我又反复地看了数遍，所受教育更为深刻。白求恩同志对待自己本行业务是那样刻苦地钻研，精益求精，为人类的解放事业献出了毕生精力和整个生命。可是我呢，为党、为人民又做了一些什么呢？对照起来，我感到万分惭愧和渺小。拿自己的技术学习来说，还不是那么刻苦钻研的，学得也不够深透。但是我相信，只要再加一把油，勤学苦练，虚心学习，是一定能把汽车开好的。一旦帝国主义发动侵略战争，我们就彻底、干净、全部地把它们歼灭。

通过这篇文章的学习，使我更深刻地认识到：一个人活着，就应该像白求恩同志那样，把自己的毕生精力和整个生命为人类的解放事业——共产主义全部献出。我要永远站在无产阶级的立场上，永远忠于党、忠于人民、忠于保卫祖国和世界和平的伟大事业，做一个真正的共产主义革命战士。

——《雷锋日记》1961 年 9 月 22 日

学习《纪念白求恩》。

“一个人能力有大小，但只要有这点精神，就是一个高尚的人，一个纯粹的人，一个有道德的人，一个脱离了低级趣味的人，一个有益于人民的人。”

我决心听毛主席的话，事事大公无私，处处从党和人民的利益出发，全心全意为人民服务，决不让有一点肮脏的个人利益低级趣味的东西来玷污自己。向白求恩学习，做一个毫不利己、专门利人的人，为共产主义奋斗终身。

一个人，只要大公无私，处处从党和人民的利益出发，兢兢业业为党工作，老老实实为人民服务，就是一个有益于人民的人。

一个人只要他不存私心，时时刻刻考虑人民的利益，全心全意地去为人民服务，他就能成为一个道德高尚的人。

加强工作责任心，对同志对人民要忠诚，要热情，要关心，要互相帮助。

一个革命战士必须具有把一切献身于无产阶级革命事业的崇高理想。

不但要有好的思想，而且还要有高超的技术，才能更好地为人民服务。

文章的结尾告诉了我们要做一个什么样的人。

我活着就要做一个对人民有用的人。

——《雷锋日记》1961 年 × 月 × 日

“毛主席《纪念白求恩》那篇著作，给我的印象最深刻，到现在我一共学习了二十多遍，看一遍有一遍的体会，有一遍的心得。”1960 年，雷锋在部队作报告时说，“毛主席热情地赞扬了白求恩同志专门利人、毫不利己的精神，我就按照毛主席这些话来鞭策自己，检查自己。毛主席说，我们要学习白求恩同志那种毫无自私自利之心的精神，从这一点出发，就可以变为大有利于人民的人。无论什么工作，只要是党的需要，革命的需要，只要是对人民有利的，我就要做好。”

从 1939 年到 1944 年，中间隔了 5 年时间，抗日战争度过了最艰难的阶段。人民军队中又出现了一个榜样，他叫张思德。

张思德 1915 年 4 月出生于一个贫苦佃农家庭。重病的母亲没有奶水，只得走东家，串西家，要来谷米捣碎熬成糊喂他，因而给他起了一个小名叫“谷娃子”。“谷娃子”出生仅 7 个月，母亲就因病无钱医治离开人间，父亲张行品被迫把他抱给婶母收养。谷娃子吃“千家奶”穿“百家衣”长大，养母为了让他永记乡亲们的恩情，给他取名“思德”。1933 年 2 月，中国工农红军第四方面军创建了川陕革命根据地。12 月，张思德参加红军。1935 年他随红四方面军长征，三度经过人迹罕至的雪山、草地。他勇敢机智，曾只身泅水过江，夺得敌人的渡船，为红军强渡嘉陵江创造了条件。1936 年 10 月，张思德随部队到达陕北，1937 年加入中国共产党。他作战机智勇敢，曾在一次战斗中一人夺得 2 挺机枪，先后 3 次负伤。1938 年任中央军委警卫营通信班班长，工作认真负责，在带领全班完成机要通信、站岗放哨、开荒生产和建窑烧炭等各项任务中，成绩优异。1944 年牺牲。

张思德 1933 年参加红军。1942 年 11 月部队整编，张思德服从组织分配，调第一连当战士。他经常帮助战友补洗衣服、编织草鞋，带头帮助驻地群众生产劳动。1944 年，他积极参加大生产运动，被选为农场副队长。7 月，张思德进陕北安塞县山中烧木炭。他处处起模范带头作用，不怕苦、不怕累、不怕脏，每到出炭时都争先钻进窑中作业。

9月5日，张思德冒雨进山挖新窑，即将挖成的炭窑突然塌方，他奋力把战友推出去，自己却被埋牺牲，牺牲时年仅29岁。

张思德的死，让毛主席十分沉痛。

一个经过长征的“老”红军，能上能下，任劳任怨，舍生忘死。国民党对边区实行全面封锁，毛主席发出“自力更生，丰衣足食”的号召，边区军民开展了大生产运动，烧木炭就是为了解决冬天取暖问题，结果炭窑崩塌，张思德牺牲了。一开始，这消息没有向毛主席报告。可是事隔一天，毛主席便知道了，他把警卫队长古远兴找来问道：“张思德死了你怎么不报告？遗体拉回来没有？”“那么远还用拉吗？”毛主席用手指朝他一指，吼道：“你敢！”古远兴赶紧报告了中央警备团团长吴烈。吴烈马上安排人到安塞运遗体，接着向毛主席汇报。毛主席又一次发了火：“打仗死人可以，生产死人不行，要开追悼会。”毛主席对士兵的深情感动了在场的人。

1944年9月8日，中直机关、中央警备团在延安召开了张思德同志的追悼会。毛主席亲笔题写了挽词“向为人民利益而牺牲的张思德同志致敬”，并作了著名的讲演《为人民服务》。在演讲中，毛主席重点强调了三层意思：第一，提出了我们党的性质、军队的性质。“完全是为着解放人民的，是彻底地为人民的利益工作的”，概括起来就是五个字“为人民服务”，这是我们党的根本宗旨。第二，讲到生命的价值。中国人民正在受难，我们有责任解救他们，我们要努力奋斗。要奋斗就会有牺牲，死人的事是经常发生的。但是我们想到人民的利益，想到大多数人民的痛苦，我们为人民而死，就是死得其所。人总是要死的，但死的意义有不同。为人民利益而死，就比泰山还重；替法西斯卖力，替剥削人民和压迫人民的人去死，就比鸿毛还轻。张思德同志是为人民利益而死的，他的死是比泰山还要重的。第三，分析了党和人民军队新型关系。我们都是来自五湖四海，为了一个共同的革命目标，走到一起来了。我们还要和全国大多数人民走这一条路。我们的干部要关心每一个战士，一切革命队伍的人都要互相关心，互相爱护，互相帮助。

毛主席为一个士兵举办追悼会并发表演讲，在八路军、新四军中影响巨大。这个普通的战士虽然没有气吞山河、血洒疆场的事迹，然而他却是彻底地为人民的利益而工作的。我们这个以为人民服务为宗旨的队伍，就要把那些为人民利益而奋斗的人作为自己敬仰、学习和纪念的榜样。只有这样，为人民服务的好同志在我们队伍里才会越来越多。

毛主席《为人民服务》演讲，一经传出，就得到根据地广大军民，以及国民党统治区人民和海外华侨的热烈响应。自 1921 年 7 月中国共产党成立以来，为中国人民解放事业而奋斗的共产党人，始终把五个大字“为人民服务”写在自己的旗帜上。

《为人民服务》对雷锋影响巨大，在雷锋和同事的交流中、在《雷锋日记》中都有多次表露——

我们都是为人民服务的。在我们这个社会里，人人为我们，我们更应该为人民。革命工作只是分工不同，当官、做工、种田都是为党办事，没有贵贱之分！

——1956—1957 年，陈海文回忆

我们共产党人不是为了升官发财，而是为人民服务，大家都是人民的勤务员。我们吃的、穿的、住的都是工农兄弟辛勤劳动的成果。交通班为领导同志服务，领导同志就能更好地为工农兵服务啊！

——1956—1957 年，陈海文回忆

我觉得不管干哪一行，都是革命工作的需要，都是党的事业的一部分，党叫我干啥就干啥！凡是党交给我的工作，我就要乐意地去干。

——1956—1957 年，黄超回忆

1961 年，雷锋利用春节假期为人民公社捡粪拾肥　季增摄

人的生命是有限的，可是，为人民服务是无限的，我要把有限的生命，投入到无限的为人民服务之中去……

——《雷锋日记》1961 年 10 月 20 日

我学习了《毛泽东选集》一、二、三、四卷以后，感受最深的是，懂得了怎样做人，为谁活着……

我觉得要使自己活着，就是为了使别人过得更美好。

——《雷锋日记》1961 年 11 月 26 日

今天吃早饭，我看到炊事班的饭盆里有很多锅巴，便随手拿了一块吃。炊事员 ××× 同志说："自觉点啊！"我听了这句话，心里很难受，觉得吃一块锅巴有什么？赌气把那块锅巴放到饭盆里，走了出来。这时，通信员送来了一张报纸。我接过来就看，首先看到了报纸上毛主席的语录。毛主席说："因为我们是为人民服务的，所以，我们如果有缺点，就不怕别人批评指出。不管是什么人，谁向我们指出都行。只要你说得对，我们就改正。"我一口气把这段话念了十多遍，越念越感到自己不对，越念越感到毛主席的这些话好像是专门对我说的，越念越后悔不该和炊事员赌气。我自己问自己："你多不虚心呀！人家批评重一点，你就受不了啦！"想来想去，我还是硬着头皮跑到炊事班，承认了自己拿锅巴吃不对，并检查了自己的缺点。炊事员感动地说："你对自己要求这么严，真是好同志……"

——《雷锋日记》1962 年 3 月 24 日

为了夺取中国革命胜利，毛主席用"老愚公"鼓励全党。1945 年

6 月 11 日，他在中国共产党第七次全国代表大会闭幕词中指出，现在有两座压在中国人民头上的大山，“一座叫做帝国主义，一座叫做封建主义”。中国共产党早就下决心，要挖掉这两座大山。作为铺垫，在指出“两座大山”前，毛主席先讲了《愚公移山》的寓言故事。愚公下决心率领他的儿子们挖去挡住他家出路的两座大山。智叟笑他愚蠢。愚公回答说：我死了以后有我的儿子，儿子死了，又有孙子，子子孙孙是没有穷尽的。这两座山虽然很高，却是不会再增高了，挖一点就会少一点，为什么挖不平呢？愚公批驳了智叟的错误思想，毫不动摇，每天挖山不止。这件事感动了天帝，他就派了两个神仙下凡，把这两座山背走了。

《愚公移山》也成为雷锋“百炼成钢”的力量来源。关于愚公，雷锋留下了这样的文字：

> 学习愚公不怕困难，敢于斗争，敢于胜利的精神。愚公能挖掉两座大山，我有恒心克服各种困难，学习好毛主席著作和军事技术，把自己锻炼成为一个又红又专的共产主义革命战士，更好地为人民服务，为人类的解放事业——共产主义而贡献自己的一切。
>
> ——《雷锋日记》1962 年 × 月 × 日

“雷锋值得学习”，这个“值”是什么？

在一片废墟上诞生不久的新生共和国，就打破了美军不可战胜的神话，迫使侵略者在停战协定上签字。弹指一挥间，人民共和国就完成了土地改革、合作化运动、三大改造，挖去了封建主义、资本主义在中国赖以生存的根基。但在中国社会主义的探索和实践中，我们曾经跌了跟头。种种困难，都向新生的共和国压来。

年轻的共和国需要一种精神，需要一个榜样。新中国比任何时候都更加需要坚定信念，百折不挠；比任何时候都更加需要上下一致，同心同德；比任何时候都更加需要互敬互爱，助人为乐。只要我们齐心协力，把胜利的号子喊下去，航船是可以绕过险滩的；只要我们的年轻一代能把为人民服务的红旗扛下去，年轻的共和国将充满希望！雷锋，一个普通的名字，在人民中如此响亮，他是时代的呼唤，是人民的需要。

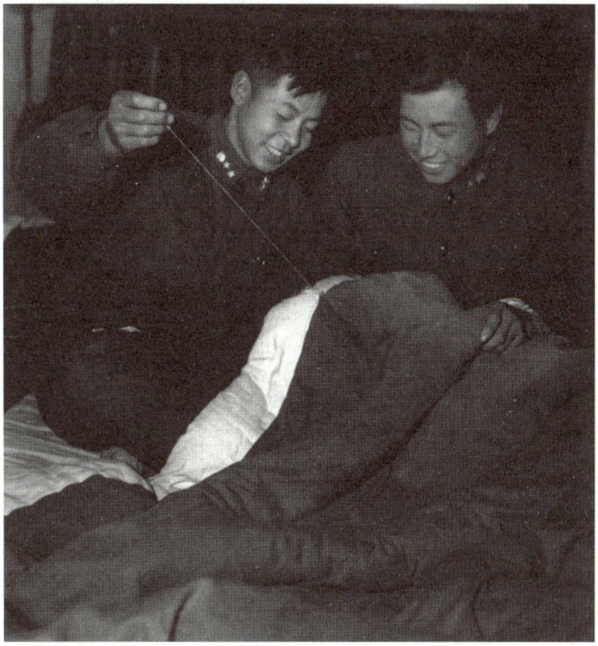

雷锋帮助战友缝被子

6.“向雷锋同志学习”

毛主席是怎样挥笔写下“向雷锋同志学习”的，我们不得而知，但从那潇洒的题词，可以看出书者的喜悦。

1963 年 2 月 22 日，值班警卫员一早打电话告诉林克：“主席让你来一下。”林克带着事先准备的文件、资料匆匆来到毛主席的寝室。看见林克，毛主席拿起了一张信纸递给他。林克一看，毛主席已用毛笔书写了“向雷锋同志学习”七个潇洒苍劲的行草大字。题词竖写两行而成，右边一行三字“向雷锋”，左边一行四字“同志学习”。左四右三，书写难以对称，但主席的题词布局和谐，尤其是“雷锋”两个字，挺拔伟岸，潇洒美观，好似一个美好可爱的青年人就站在你眼前，字像人，人如字，活灵活现。“雷锋”左边的“学习”两字，写得遒劲有力，又与“雷锋”两字形成关联整体，也可以读为“学习雷锋”。林克顿时被吸引住了。

毛主席解释道：“是嘛，学雷锋不是学他哪一两件先进事迹，也不只是学他的某一方面的优点，而是要学他的好思想、好作风、好品德；学习他长期一贯地做好事，而不做坏事；学习他一切从人民的利益出发，全心全意为人民服务的精神。当然，学雷锋要实事求是，扎扎实实，讲求实效，不要搞形式主义。不但普通干部、群众学雷锋，领导干部要带头学，才能形成好风气。”

林克回到办公室，马上打电话给中国青年杂志社编辑部，请他们到中南海西门来取题词。

“杂志社唯一的一台轿车立即出动，我们捧回了毛主席的题词。大家那个高兴劲呀，就别提啦！想动手摸摸，又怕弄脏了。随后赶紧制作了镜框，将题词裱挂了起来。”邢方群回忆道。当年的情景，犹在眼前。

有了毛主席题词，中国青年杂志社的同志又研究：是独家发表，还是与其他新闻单位一同发表？经研究，大家认为：毛主席虽然是为我们题词，但这是向全国人民发出的号召，我们不能一家“垄断”。编辑部向上级作了报告。罗瑞卿指示：定在3月2日，由新华社统一发表，各报和《中国青年》杂志同时刊登。这也是为了照应中国青年杂志社，如果第二天见报，杂志来不及，题词毕竟是应杂志社请求题的。后来，因其他宣传工作的需要，罗瑞卿又指示各报3月5日刊登，《中国青年》杂志出版时间不变。3月2日，《中国青年》杂志首先刊登了毛主席“向雷锋同志学习”的题词。3月5日，《人民日报》《解放军报》《工人日报》《中国青年报》等都刊登了毛主席的题词。

人民日報

RENMIN RIBAO

中国巴基斯坦两国政府联合公报

向雷锋同志学习

毛泽东

《中国青年》出版学习雷锋专辑

毛主席题词向雷锋同志学习

周恩来董必武等同志的题词和诗文同时发表

布托外长率巴基斯坦代表团回国

陈毅副总理兼外交部长到机场热烈欢送贵宾

布托外长电谢陈毅外长

尼泊尔大使设午宴招待周总理

人大常委会批准中蒙边界条约

社论 和平解决中印边界问题的坚定不移立场

中国老挝友好协会正式成立

支持老挝人民正义斗争 发展中老人民友好关系

《人民日报》刊登毛主席题词“向雷锋同志学习”

从以上回忆来看，给毛主席的信2月16日送到，仅仅隔了两天，也就是18日，中国青年杂志社的这些年轻人就追问“毛主席题不题”。又过了两天，也就是20日，他们又追问“毛主席答应题了吗”。得知毛主席决定题词后，他们又提出时间要求，而且是倒计时的要求，希望毛主席在2月25日前题好。现在看来，这些“中青人”胆真够大。当时，中直机关有人听说此事后，不敢相信这是真的。他们说，毛主席给刘胡兰题过词“生的伟大，死的光荣”，为白求恩和张思德分别写过纪念文章，可那是发生在战争年代，和平时期还未见他给其他普通人题过词。

出乎意料的是，2月22日，也就是“中青人”催问毛主席要题词的两天后，毛主席题词了。

三次催问，几天时间，毛主席挥笔写下了“向雷锋同志学习”。

雷锋出现的时代，是新生的共和国在一穷二白基础上搞建设，需要普通劳动者“平凡而有为”的时代；是执政的共产党面临严重困难而保证“党和国家不变色”的时代；是千千万万的翻身得解放者期盼社会主义新道德新风尚、构建“共和国精神大厦”的时代。雷锋对信仰的执着坚守，对党的忠诚热爱，对国家集体的无私奉献，对人民的大爱情怀，对工作的诚敬守信，以及他那脍炙人口的至理名言，无疑成为那个时代最好的榜样。

据毛主席身边的同志后来回忆，毛主席在纸上反复写了好多“向雷锋同志学习”“向雷锋同志学习”……

1963年5月，杭州西子湖畔，春光无限好，毛主席却不为所动，他完全被雷锋的日记吸引住了。5月11日，在杭州召开的一次会议上，毛主席话锋一转谈到雷锋，他说："我看过《雷锋日记》一部分，看来此人是懂得一点哲学，懂得辩证法的。我们不要把哲学看得那么神秘，那么困难。雷锋那样年轻的同志，就懂得一点哲学。你们看了没有？希望你们都看看，我们要把哲学从哲学家的课堂上和书本里解放出来，让它变成广大老百姓的锐利的思想武器。"他还进一步指出："雷锋的日记中，有很多辩证法的观点和语言，比那些死读书的大学生的论文强多了。雷锋的哲学思想是从哪里来的？还不是从为人民服务的丰富多彩的具体实践中来的！雷锋为群众办了那么多好事嘛！这一点是那些死读哲学书的大学生所无法比拟的。"

在座的领导同志跟着毛主席几十年，很少听到他对哪个人作出"懂得一点哲学"的评价。

1963年8月1日晚，中南海怀仁堂，首部有关雷锋事迹的舞台作品——话剧《雷锋》正式演出。毛主席入神地观看，同观众一起热烈鼓掌40余次。演出结束，毛主席走上舞台，与演职人员一一握手。雷锋饰演者、小个子的张玉敏被挤到人群后头。毛主席和前排的人边握手边不时地四下看，似乎在寻找"雷锋"。这时，张玉敏挤到了前面，终于握住了主席的手。他激动地说："毛主席，雷锋生前最大的愿望就是见到您，他的愿望我替他实现了。"毛主席使劲地握着他的手……

同年，八一电影制片厂拍摄的电影《雷锋》上映，毛主席又看了电影。看到雷锋给灾区捐款时流着泪说“全中国到处都是我的家……我有权力，也有义务来帮助我自己的家……”，毛主席被深深打动了。

1965年8月，曾为毛主席做保健工作的庐山疗养院护士钟学坤刚刚完成大学学业，经过北京去看望毛主席，希望能得到主席的亲笔鼓励之词。为此，毛主席题写了“学习白求恩，学习雷锋，为人民服务”。这是白求恩同志牺牲26年后，毛主席再次提到向他学习。值得回味的是，一开始毛主席在本子上写的是：

学习白求恩，

学习雷锋。

钟学坤激动地接过题词本，正要离开时，毛主席突然让她回来，把题词本要了过来。这一切来得太突然了，钟学坤心情紧张。毛主席接过本子，又拿起笔，把“学习雷锋”后的句号改为逗号，并在署名和“学习雷锋”这一排字之间，添上一句“为人民服务”，这才把本子还给了钟学坤。

“学习白求恩，学习雷锋，为人民服务。”三行话十四字，虽然在书写布局上有些拥挤，但用意更为明确。抗日战争烽火中走来的白求恩，是一个毫不利己专门利人的高尚的人；延安宝塔山走来的张思德，是一个完全彻底地为着人民利益的人；新中国建设中走来的雷锋，是一个把有限的生命投入到无限的为人民服务中的人。他们都是践行我们党为人民服务根本宗旨的楷模。

从此以后，毛主席再没有明确号召向某某人学习。雷锋成为中华民族思想道德永远的榜样，向雷锋学习的群众性活动经久不衰。

一些20世纪60年代在中国青年杂志社工作的老“中青人”，回忆起当年学雷锋的情景仍然眉飞色舞。他们说：“我们拿着雷锋的事迹，找中央领导，谁看了谁说好，请谁题词，谁都欣然挥笔。”不少人只看到周总理那脍炙人口的题词：“向雷锋同志学习：憎爱分明的阶级立场，言行一致的革命精神，公而忘私的共产主义风格，奋不顾身的无产阶级斗志。”然而恐怕很少有人知道，周总理应《中国青年》杂志请求，早些时候写下了另一则题词：“雷锋同志是劳动人民的好儿子，毛主席的好战士。”

当时，刘少奇、朱德、董必武、邓小平、陈云等领导人都为雷锋题了词。这么多的领袖为一个普通的战士题词，不约而同地把他的精神当作一面旗帜举起来，这在中国共产党历史上还是第一次。

从人民中来，到人民中去，领袖的题词反映了亿万群众的心声，必然得到亿万人民的真诚响应。人民和领袖共同叫响一个名字——雷锋。出现在中华大地上的第一次学雷锋热潮，就是这样地不可阻挡地滚滚而来。

1991年，《学习雷锋好榜样》的歌词作者洪源，激动地回忆了当时创作这首歌的情景，并再次唱响：

学习雷锋好榜样

忠于革命忠于党

爱憎分明不忘本

立场坚定斗志强

…………

这首歌唱忠诚和奉献的《学习雷锋好榜样》，在人民中广为流传。几十年了，在众多歌唱雷锋的歌曲中，唯有这首歌传唱的时间最长、范围最广。

“这首歌的产生，是时代的产物和我苦思的结果。”洪源回忆说。20世纪60年代初期的中国，经济困难。靠什么去号召人民，鼓舞斗志，统一思想？当时，在北京军区担任创作员的洪源，食不甘味，寝不成眠，天天在思索，时时在寻找。毛主席“向雷锋同志学习”题词的发表和雷锋事迹及日记在《人民日报》上的刊出，点燃了洪源的灵感，沉积的诗情再也压抑不住，一下迸发出来。1963年3月5日，他一口气就写成了《学习雷锋好榜样》和《雷锋进行曲》两首歌词。写完后顾不得吃饭，立即把歌词送到作曲家生茂的家里。生茂以最快的速度把曲谱好。几天之后，北京军区隆重集会，庆贺毛主席题词，战友文工团首次推出这两首新歌。全场轰动，产生了意想不到的效果。兴奋的人们从观众席上把洪源拥上舞台。他只好背诵《雷锋日记》选段表示谢意。三次背诵，三次谢场，三次又都被观众拦回舞台。

演出次日，《战友报》在显著的位置发表了这两首歌词。接着，中央人民广播电台、《红旗》杂志、《人民日报》以及全国各地的许多报刊都相继刊播。很快，歌曲就流传开来。后来，《雷锋进行曲》在大学里流行，而《学习雷锋好榜样》却在社会上流传得越来越广。

雷锋的出现，点燃了艺术家的澎湃激情。人民艺术家贺敬之，写下一首不朽的长诗《雷锋之歌》：

呵，雷锋
就是这样地
代表我们
出现了！……
　　——像朝阳初升
　　一样地合理，
　　像婴儿落地
　　一样地合情！
……
让我们说：
“我爱雷锋……”
这就是说：
“我爱
真正的人生！”
　　让我们说：
　　“我爱雷锋……”
　　这就是说：
　　我要
　　永远革命！
……

《雷锋之歌》于1963年4月11日被刊登在《中国青年报》上。作品歌颂雷锋短暂而又伟大的一生，并把雷锋置于广阔的历史背景和现实生活之间，揭示出学习雷锋的重大意义。诗作气势磅礴，熔议论与抒情于一炉，具有强烈的艺术感染力。

贺敬之，现代著名革命诗人、剧作家。1924年生，山东峄县（今枣庄市）人。15岁参加抗日救亡运动。16岁到延安，进入鲁迅艺术学院文学系学习。17岁入党。1945年他和丁毅执笔、众多音乐家集体创作的我国第一部新歌剧《白毛女》，获1951年斯大林文学奖。这是我国新歌剧发展的里程碑，作品生动地表现出“旧社会把人逼成鬼，新社会把鬼变成人”这一深刻的主题。新中国成立后，贺敬之创作了《回延安》《放声歌唱》《雷锋之歌》《西去列车的窗口》《中国的十月》《八一之歌》等有名的诗篇。

贺敬之的夫人是著名女作家柯岩。当年，她是中国儿童艺术剧院一名年轻的编剧，曾经亲赴抚顺参加雷锋的葬礼。那天，小城抚顺，无尽的人潮拥抬着一个普通士兵的棺木，默默地向墓地走去。随着呜咽的人流，作家在心底默默呼唤：

雷锋呵，你是谁？

是谁，是谁……

为什么能把千万人的心灵占据？！

雷锋啊，你来自何方？

来自何方……

为什么能把千万人的感情激荡？！

在抚顺，作家一页页阅读了那年轻战士的日记，那是没有修删、没有雕饰的一个完整、高尚而又普通的灵魂。他是一个活生生的人，他曾偷吃过伙房的锅巴，也曾和别人吵过嘴，然而这并不影响他的伟大。他走到哪里，好事就做到哪里。几乎所有的抚顺人都知道这个好人——这个普通的士兵。

作家来到雷锋生前的连队。指导员双手抱着头，眼泪一串串砸在地上。这魁伟的汉子竟泣不成声："没法说呀，我没法说！我不能睡觉，一闭眼，就听见他在叫我，就看见他笑嘻嘻地靠在门框上。"

作家来到建设路小学。天真的孩子们指着教室后门的小洞口，说："雷锋叔叔每次出车回来，就在那个小洞口望望我们。从此再没人在课堂上淘气，刚想淘气就回头望望洞口，因为雷锋叔叔的眼睛，永远从这儿望着我们哩！"

作家再一次来到雷锋的墓地。面对着安息的英灵，作家笔下流出了这样的诗行：

你从每一个老人的欢颜里，
都看到母亲难得的微笑。
你从每一个孩子的歌声里，
都想起夭折的小弟弟在号啕。
都是自己的亲人呵，
你就用整个心灵去拥抱。
……

柯岩从抚顺回到北京，放下行李却思绪难平。于是她迫不及待地给自己的丈夫贺敬之说起了雷锋，说起了自己的所见所闻。柯岩一边讲一边流泪，贺敬之一边听也一边流泪。这时，柯岩的婆婆——一位善良的老人站立在客厅门口，老太太焦急地问："你们这是怎么了，怎么了？倒是为什么哭呀？"儿子和儿媳又把雷锋的故事讲给老人听，讲那舍己为人的士兵，讲那万人空巷的场面，老人也泪流满面。"你们知道吗，老太太一字不识呀。可是，她懂得雷锋。"贺敬之感慨地说。

"那些日子，我们一直为雷锋激动着。我和贺敬之分头开始了各自的构思。我们要写。不久，我先写出了一首《雷锋》，登在《人民日报》上。我收到许多读者的来信，说这首诗打动了他们，这使我感到欣慰。可是，一个月后，当严谨的老贺推出了他的《雷锋之歌》时，我真服了。他是站在了一个新的高度上，塑造和展现了一个具有坚定信仰的共产主义中国战士的伟大形象，启示人们深刻认识到我们时代精神的精髓。"

1960 年 1 月 1 日，雷锋入伍前的留影

中篇

美好的雷锋

虞仁昌："雷锋的美好言行，对我是刻骨铭心的。我最大的愿望是，雷锋形象永驻人间，雷锋精神永放光芒。"

1. 苦难的童年

1940年12月18日，雷锋出生在一个苦难的农民家庭，在黑暗的旧中国，他不知道自己的名字叫雷正兴，只知道人们都叫他“庚伢子”（1940年为农历庚辰年）。他的童年记忆都是泪淋淋的：3岁，祖父被地主逼死在年关；5岁，父亲遭日寇毒打，含恨离世；6岁，哥哥给资本家当童工受伤患病无医而亡，弟弟活活饿死在母亲怀中；7岁，母亲不堪地主欺凌含恨悬梁自尽。

在1926年的湖南农民运动中，雷锋的父亲雷明亮加入农民协会，任农民自卫队队长。大革命失败后，雷明亮为了躲避追捕，曾在长沙“仁和福”油盐号做伙计，长沙“文夕大火”期间被反动军警打成重伤，又被“仁和福”油盐号老板解雇，后回乡以抬轿为生。1944年日军侵占长沙，雷明亮因反抗日军抓挑夫遭到毒打，几个月后病情加重含恨离世。

母亲之死，是他生命中刻骨铭心、悲痛欲绝的一幕。雷锋的母亲名叫张元满。她漂亮聪慧，贤惠能干，乐于助人，一手好绣活，乡亲们不知道她叫张元满，都亲昵地称她“雷一嫂”。山河破碎，日寇横行，恶霸当道，哪有穷人的活路！雷一嫂没过上一天好日子。雷锋在部队忆苦思甜时讲道：“我的妈妈就像是鲁迅笔下的祥林嫂。”父亲含恨离世后，12 岁的哥哥为替妈妈分担困苦，到 400 里外的工厂打工，染病身亡，3 岁的弟弟饿死在妈妈怀里，妈妈哭干了眼泪，她精神恍惚，见人就问：“我的伢子呢？伢子呢？伢子，伢子，妈妈在这里。”乡亲们可怜这孤儿寡母，听说地主家的闺女要出嫁，要请个绣娘，还给减去租子，给 15 斤米，就介绍雷母干了这份差事。八月中旬的一天晚上，村里要演皮影戏，雷锋高兴地拉着妈妈的手，要妈妈带他去看。母亲没说什么，只是叹气：“苦命的孩子，靠天保佑，你要自长成人了。”庚伢子怎么会明白妈妈的意思？他像个大人一样劝说妈妈：“我长大了养活你。”妈妈凄苦地笑了，打了一盆水，把儿子的小脸洗得干干净净。她脱下自己的外衣给儿子穿上：“伢子，别冻着。妈妈今天晚上出个远门，就不回来了，你看完戏到六叔奶奶家去睡。”第二天庚伢子回来，门推不开，扒着门缝看见两条腿，他吓得大哭起来，乡亲们把门砸开，母亲已经悬梁自尽了。

我曾在档案里看到，乡亲们回忆起雷锋母亲的去世，非常悲痛，说：“雷一嫂临死之前换了一身新衣服，脖子用绣花的手绢缠了好几道，她是怕吓着自己的孩子啊！”一个善良贤惠的母亲，这样爱着她的孩子，在悲愤绝世之际，还心细如丝，可是却又不得不离开这个苦难的世界。苦难的旧世界，穷人的出路在哪里？

从此，庚伢子成了孤儿。他被亲戚收养，跟着六叔祖父学唱皮影戏，当个童声伴唱，小小皮影演绎忠奸善恶，行走四方体验人生百态。8岁那年，六叔祖父因病重不能外出唱戏，全家生活面临困境。那个时候，穷人家都是吃了上顿没下顿，自己的孩子都养活不起，多一张嘴就更难了。懂事的庚伢子为了不给叔祖父、叔祖母添负担，只好去地主家放猪。

天已经黑了，地主要我到六里外去打酒。到酒店，店主已经睡觉了，喊门叫不开，我就哭起来，他们才开门。我一天没吃饭，在回来的路上走不动了，跌了跤，把酒也洒了些。回来时地主还坐在床上等酒吃呢。一进门就说我回来得晚了，打了我几个耳光，又说酒不够，问哪里去了，我说洒了点儿，他怪我把钱买糖吃，一拳打在我的鼻子上，出血了，一脚又把我踢倒在地。当晚不给我饭吃，我没有办法，就在屋后挖了两个地瓜吃，又被地主婆打了一顿耳光。一天，我用小罐子煮了点儿野菜，被地主家的一只猫挂倒了，狗又跑过来吃我的菜。我就打了狗，狗也咬了我，被地主婆看到了，她说我打狗欺主，要打死我，还骂道：这样的穷鬼打死十个少五双，死一个少一个。

——整理自雷锋在部队的忆苦思甜报告录音

庚伢子被赶出地主家，外出讨饭，晚上睡在破庙里。由于蚊虫叮咬，他身上起满了红疙瘩，化脓流血，最后得了背花疮，腰上鼓起了一个大包，一个同乡看到了，赶紧把他送回了他叔祖父家。经过一个多月的治疗，庚伢子身上的疮才慢慢地好起来，但一个大疤永远地留在了身上。

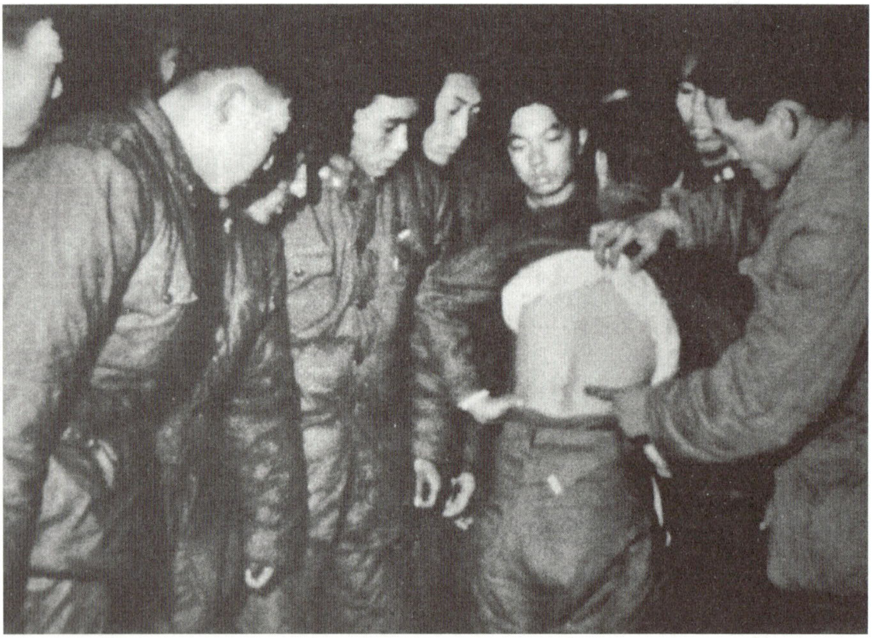

雷锋在部队忆苦时给战友看自己背上的疮疤

庚伢子为了帮助叔祖母料理家务，经常上山砍柴。1949 年初夏的一天，他和几个小伙伴到地主徐满料子的山上砍柴，被徐满料子的老婆抓到了。地主婆夺过砍刀，向雷锋左手砍去，顿时鲜血直流……生死之际，他遇到了地下党员彭德茂。彭德茂把庚伢子带回家，告诉他：

“伢子，我们穷人要想过好日子，就要跟着共产党闹革命。”庚伢子问：“共产党能给我家报仇吗？”“能！”彭德茂肯定地说。“我一定要报仇！”年仅9岁的庚伢子，从自己悲惨的经历中，认清了谁是他的仇人，发出了反抗的呐喊。苦难的庚伢子选择了共产党！9岁的他机智勇敢，以行乞为掩护，秘密为地下党送情报、发传单。

2. 脸上不见苦难

雷锋是个苦难的孤儿，过去的苦难写在了记忆中。

雷锋留下了许多照片，今天的幸福都写在了脸上。

雷锋在家乡望城留影

1949年8月，雷锋的家乡和平解放。解放军有个连队在雷锋家附近临时驻扎。早也盼，晚也盼，盼来了救星解放军。彭德茂带着乡亲们欢迎解放军，雷锋也跑前跑后帮忙。帮助部队安顿下来后，雷锋舍不得离开，他想当兵，于是拉着一位小战士去找连长说情。小战士向连长报告后，连长了解了雷锋的身世，觉得他还太小，不符合当兵要求。部队临出发时，雷锋又找到连长要求参军。连长摸着他的脑袋说：“伢子，你才9岁，个头还没枪高，将来长大了再参军。”连长把一支钢笔送给他。没当上穿军装的兵，雷锋当上了手持红缨枪的兵——他加入了儿童团。这时彭德茂当上了农民协会的主席（后改任乡长）。

1950 年 4 月，经过民主选举，雷锋从 120 多名儿童中脱颖而出，被农会批准当上了儿童团团长。孩子们扛着红缨枪列队操练，给老百姓传唱革命歌曲、表演秧歌等，在刚获得解放的父老乡亲中起到宣传与鼓舞作用。

这年 6 月 30 日，中央人民政府颁布施行《中华人民共和国土地改革法》。7 月 20 日，县委成立土地改革委员会，组织土改工作队深入乡村，发动群众划分阶级成分，斗地主，分田地。按照土改相关政策，雷锋被划为雇农，属于农村赤贫阶层。政策规定，是雇农又是孤儿的，应分予“双份”。这年年底，雷锋获得了人民政府颁发的“土地房产所有证”。这是雷家三代第一次真正拥有属于自己的土地与房产。一个受压迫的苦难者，成了土地的主人，庚伢子站在田地里又唱又跳。

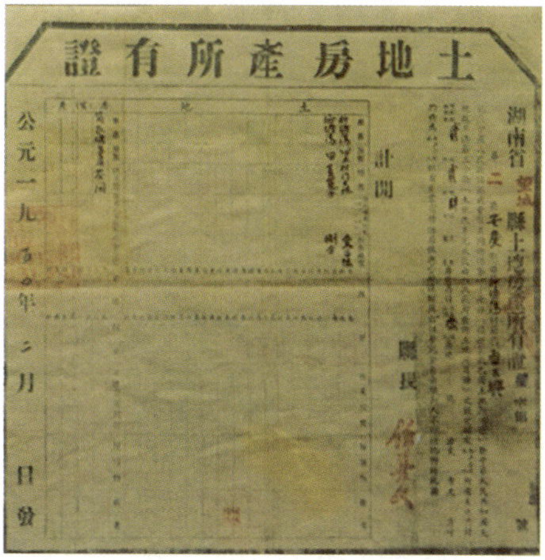
土地房產所有證
湖南省
計開
縣長

雷锋的土地房产所有证

庚伢子上小学时已经 10 岁了，比别的小学生年龄都要大。1950 年初秋的一个早晨，正在张罗着学生报到的安庆乡刘家祠堂小学（即龙回塘小学）教师李扬益，听到了一个沙哑的招呼声：“李老师，辛苦了。报名的学生还真不少啊。”李扬益抬头一望，原来是彭德茂领着一个孩子来了。彭德茂说：“这是雷庚伢子，孤儿。乡里决定免费送他读书。”

彭德茂是雷锋走上革命道路的领路人之一。他说：“解放以后，人民政府抚育了雷锋。土改后，农会评他为五保户，并供他上学。这孩子知道党和毛主席救了他，因此从小就知道听党的话，爱劳动，知勤俭，乡里给他分两天的粮食，他匀着吃三天。”

彭德茂抚摸着雷锋的头说：“庚伢子，过去穷人家的孩子要进学堂是不可能的，你家几辈子都没有识字的，现在你要好好读书，学好本领，为建设我们的国家出力。”说完，彭德茂又用期待的眼神看着李扬益：“李老师，庚伢子就交给你了。”

“雷庚伢子，你名字叫什么？在老师本子上登记。”李老师问。雷锋张了张嘴巴，不知说什么。“我就是叫雷庚伢子。”他看向彭德茂。“哎！这伢子苦啊，从小不知道自己的大名。你叫雷正兴。”彭德茂看看李老师又看看庚伢子说。一个可怜的娃娃，终于在10岁那年知道了自己的名字。但是，这个名字他不喜欢。

李老师从这一天认识了雷锋（为了方便叙述，以下还是用雷锋一名讲述），他发现这个伢子不一般。第二天，雷锋第一个来，一到学校就去办公室找李老师。“老师，我想请你教我写‘毛主席万岁’。”李扬益用毛笔在一张纸上端端正正地写了“毛主席万岁”五个大字，接着又把这五个字的书写方法一一告诉雷锋。雷锋跟着老师一句一句地念着笔画的名称:“一撇，一横，一横，一竖弯钩……”雷锋打心眼里感恩毛主席、共产党，憎恨苦难的旧社会。在批斗恶霸地主的大会上，他冲上台去，指着手上的伤疤流泪控诉。他参加宣传队，打着竹板教群众唱《百子歌》:“地主出门坐轿子，带着狗腿子，手拿算盘子，逼着农民交租子；毛主席救了穷伢子，打倒地主和狗腿子，挖掉穷根子，分田分地分房子，跟着共产党一辈子，永远过幸福的日子……”从质朴的民谣中，你是否感受到一个翻身孤儿的快乐？是的，雷锋的眼睛中充盈着笑意，他看到了满满的幸福。

1949年我的家乡解放了，地下党员彭乡长找到了我，我那时真不像样子了，头发长得很长，身上披了一个旧麻袋。他给我洗了澡，给我换衣服，过年还把我接到他家里做好了菜给我吃。我好像做梦一样，心里非常感激彭乡长，就跪在他面前。他说:“孩子，不要感谢我，是伟大的党和毛主席救了你，要感谢党和毛主席。”党又送我到学校念书，老师给我和同学发了新书，看到同学都交了费，我就去找老师说，我还没有交费呢。老师就说这是党送你去读书，并指着毛主席像说，就是他老人家送你读书的，你永远也不要忘记他老人家。所以我第一次就在笔记本上写了“毛主席万岁”五个大字。我非常感谢党和毛主席，连睡觉做梦都想见到毛主席。后来有一个同志带我到毛主席家乡去参观，有一个老爷爷给我讲了毛主席的故事。毛主席热爱学习，热爱劳动，处处从人民的利益出发。我非常感动，一定要好好学习，做毛主席的好学生。每天功课每天都做完，星期天也不休息，我想将来很好地为人民服务。所以一年级时我考了第一名，二年级也是第一名。只有好好学习，将来才能更好地为人民服务，报答党的恩情。我在三年级时，参加了少先队，我是第一批入队的，大家选我当了队长。我们队工作搞得很好，被评为全县的一个先进少先队，这靠队员们的努力。

——整理自雷锋在部队的忆苦思甜报告录音

1950 年，朝鲜战争爆发，战火燃烧到鸭绿江边。全国各界都在开展抗美援朝捐献活动。李扬益告诉同学们："党号召我们，抗美援朝，有钱的出钱，有力的出力，我们要行动起来。"雷锋第一个站起来说："我只有两角钱，是叔叔给我的压岁钱。我现在拿出来支援朝鲜，打倒美帝。"钱虽然只有两角，但对于这个父母双亡的苦孩子，这就是他全部的财产。

一个星期天，烈日炎炎，雷锋头戴草帽，大汗淋淋地来到学校。他向李扬益老师提出了一个问题："老师，我今天没特别的事，就是问问：我还小，怎么才能为人民服务呢？"李扬益回答道："为人民服务，就是为人民做好事。只要是为人民做好事，不管年龄大小都是为人民服务。"这时，恰好窗外传来了拉车的声音，雷锋"哦"了一声，站起来说："老师，我知道了。"转身就往外面跑去。学校地处黄花塘岭下，旁边就是黄花塘粮仓。李扬益追出去一看，雷锋正在帮助送爱国粮的农民推运粮车，推了一辆又一辆。

入学后不久，刘家祠堂小学被征作他用，雷锋转至上车庙小学。1953年，彭德茂又领着雷锋到向家冲小学办理转学手续。后来成为雷锋班主任的谭礼老师看见雷锋第一面就喜欢上了这个学生。当时，雷锋穿着一双用稻草编制的"凉窝子"，头上戴着一顶旧棉帽，衣服很旧，脸上挂着微笑，眼睛闪亮。

谭礼从彭德茂那里知道雷锋是个孤儿，条件很不好，就买了一些学习用具送给他。雷锋个子小，谭礼安排他坐在教室的最前排。

谭礼老师回忆说："雷锋上课非常用心，最爱听黄继光、邱少云、刘胡兰这些英雄的故事，他扑闪着大眼睛，总是流露着对英雄的敬佩之情。"雷锋在作文里写道："我要向英雄们学习，长大了全心全意为人民服务。"

学校成立腰鼓队，雷锋因为个子小，影响队伍整齐，没有选上。雷锋再三向谭礼请求："老师，打腰鼓又不是只打一天两天，我慢慢地会长高的。"谭礼问他："你能背出打腰鼓的点子吗？"雷锋马上背出来："咚吧、咚吧、咚咚吧，咚吧……"看着雷锋天真可爱的神情，谭礼同意了他的要求。在一次动员参军的活动中，学校的腰鼓队有了用武之地。谭礼带着腰鼓队队员举着红旗，到村里宣传，在动员参军活动中，起到了作用，上级领导表扬学校。谭礼老师在作总结的时候，对雷锋提出了表扬。雷锋站起来说："我们穷人家的孩子，搭帮（湖南方言，多亏的意思）党和毛主席才成了新中国的小主人，我只不过做了应该做的事，我长大了也一定去参军。"

20世纪五六十年代的小学，一至四年级为初小，五至六年级为高小。那时，农村文盲很多，一般的孩子上完初小，就回乡参加劳动了。只有家庭条件允许、学习成绩优异的孩子才能升入高小学习。

1954年，望城县清水塘完全小学五年级新生发榜了。雷锋兴奋地奔到学校，挤入看榜的人群，在红榜上搜寻自己的名字。一个小伙伴嚷道："雷正兴，你上榜了！"消息传来，乡亲们纷纷祝贺他"中举"了。雷锋考上了高小，也遇到了难处。学校离家有十多里路。彭德茂问他："路这么远，你能不能跑得动？"雷锋说："今天我能进高小读书，多么幸福，我要为毛主席争光，为雷家争口气，克服一切困难，认真读书。"

虽然雷锋的家离清水塘完全小学有十多里，但他克服困难，仍然每天准时到校。同学们为他编了一首"顺口溜"，并写在班级的墙报上："小小雷正兴，家里贫又穷；赶路十几里，早到第一名；学习他最好，活动他最行；大家学习他，争做好学生。"不久，老师布置了一个作文题《我的家庭》。雷锋的作文《我的家庭》感动了大家。雷锋从爸爸、兄弟的死，写到妈妈的死，再到获得新生后对共产党的感恩，字里行间充满感情，老师同学都说，他写的作文让人感动得流泪，明白了为什么"学习他最好，活动他最行"。

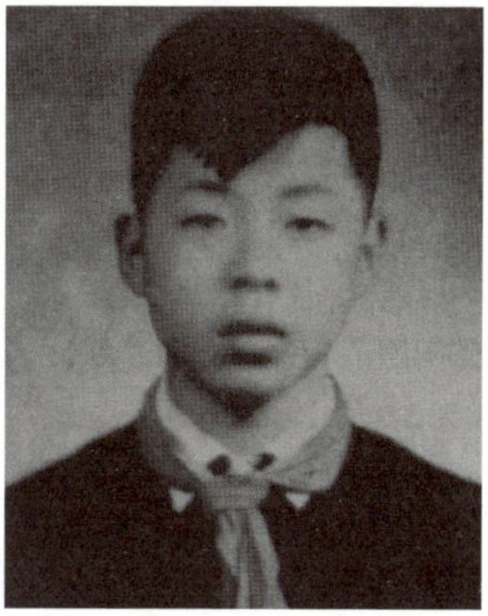
雷锋戴红领巾照

进了高小的雷锋开始自觉地去帮助别人，这为他的成长铺下了美和善的基石。学校门前有一座约12尺长、1尺宽的石头桥，每逢刮风下雨，桥下的水流十分湍急。为了低年级小同学的安全，老师们轮流到桥边接送。雷锋看在眼里，记在心里，遇到下雨刮风的天气，他就早早到小桥边上等着，帮老师把小同学一个一个地接过桥。当时，学校与乡政府同在一个院子里。雷锋入校之前担任过儿童团团长，对当地干部和群众的家庭住址比较熟悉。乡政府通知开会，凡是离雷锋家近的黄花塘片的通知，都交给雷锋放学后去送发。雷锋从不嫌累，都是乐呵呵地去完成，彭乡长说他是乡政府的“义务通信员”。关心同学，助人为乐，少年雷锋十分可爱。他被评为“毛泽东时代的好学生”，成为第一批加入少先队的少年，还被选为队委委员、旗手。加入少先队后，雷锋佩戴红领巾拍了一张半身相片。

年底，又开始动员参军了。雷锋跑到乡政府办公室，找到负责征兵工作的县委组织部干部黎国平，强烈要求参军。黎国平考虑到他年纪太小，个头也不够，于是做他的思想工作，让他先好好读书，过几年再参军。这一年雷锋14岁，这是他第三次要求当兵。

1955年，雷锋转学至离家较近的荷叶坝完全小学。

这年4月，农业合作化运动在望城开展，雷锋主动把土改时分得的二亩四分田全部入了社，从此，农业社就成了他的家。这个“家”他始终挂在心上，几年之后，在遥远的北国抚顺，雷锋说出了“人民公社就是我的家”，让毛主席非常感动。

一天，学校里锣鼓喧天。班主任肖叔陶老师的儿子从抗美援朝前线胜利归来，学校组织开展了一次向解放军叔叔学习、向前线胜利归来战士学习的活动。在欢迎会上，雷锋作为学生代表上台献花、献红领巾，并在会上发言，希望参加中国人民解放军，做一名坚强的战士。当兵，一直是他的梦想。

五四青年节到了，少先队辅导员夏柳老师在少先队干部学习会上讲述了少先队的历史。入队、入团、入党，是中国青年的壮美理想，是人生进步的三部曲。作为队委委员的雷锋的发言，吐露了少年壮志，他说：“红领巾是红旗的一角，是先烈的血染红的，将来我长大了，要像先烈们一样，把我的整个生命献给无产阶级革命事业，使我们的革命红旗更加鲜艳，永不褪色。还有，我将来要当个少先队辅导员，系上这样的红领巾，培养更多的少年们做红色的接班人……”一个“被辅导”的15岁的孩子，说出培养红色的接班人的“大”话，使人惊奇，但这话

夏柳，1929年生，湖南望城人。1952年开始从事乡村小学教育工作。1954年7月至1956年7月在望城县荷叶坝完全小学任教，曾担任历史和体育老师。学校成立少先队后，他被聘为少先队辅导员，与雷锋建立了良好的师生关系。当年，他在“教师笔记”中记录了雷锋的学习成绩以及在荷叶坝完小毕业典礼上的发言。如今这些资料已经成为研究雷锋精神的珍贵史料。

在几年后竟兑现了。雷锋应邀担任了抚顺两所学校的少先队辅导员，获得共青团中央表彰，他去世后，被共青团中央追认为“全国优秀少先队辅导员”。

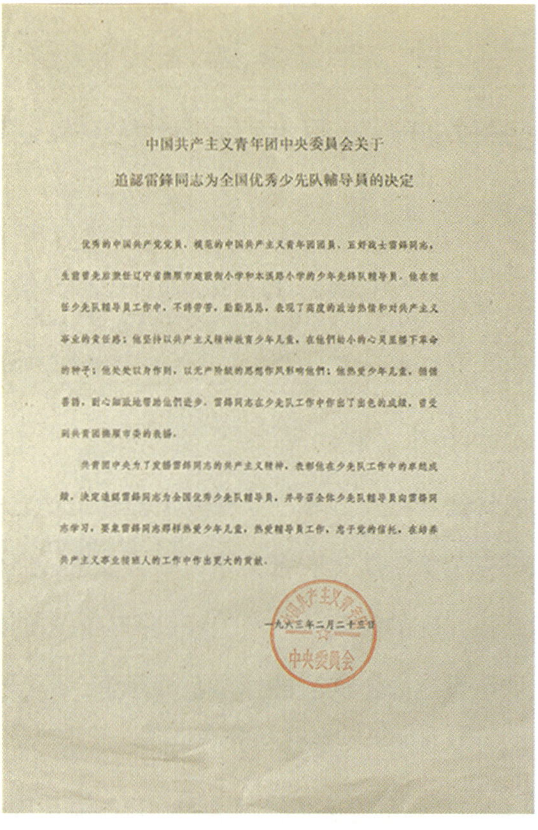
中国共产主义青年团中央委員会关于

追認雷鋒同志为全国优秀少先队輔导員的决定

优秀的中国共产党党員，模范的中国共产主义青年团团員，五好战士雷鋒同志，生前曾先后兼任辽宁省抚顺市建設街小学和本溪路小学的少年先鋒队輔导員。他在担任少先队輔导員工作中，不辞劳苦，勤勤恳恳，表现了高度的政治热情和对共产主义事业的責任感；他坚持以共产主义精神教育少年儿童，在他們幼小的心灵里播下革命的种子；他处处以身作則，以无产阶級的思想作风影响他們；他热爱少年儿童，循循善誘，耐心細致地帮助他們进步。雷鋒同志在少先队工作中作出了出色的成績，曾受到共青团抚顺市委的表揚。

共青团中央为了发揚雷鋒同志的共产主义精神，表彰他在少先队工作中的卓越成績，决定追認雷鋒同志为全国优秀少先队輔导員，并号召全体少先队輔导員向雷鋒同志学习，要象雷鋒同志那样热爱少年儿童，热爱輔导員工作，忠于党的信托，在培养共产主义事业接班人的工作中作出更大的貢献。

中国共产主义青年团中央委員会

一九六三年二月二十五日

共青团中央追认雷锋为全国优秀少先队辅导员

在他身后每年的 3 月 5 日，《学习雷锋好榜样》的歌曲都在校园响起，千千万万的孩子向亲爱的雷锋辅导员敬礼！

共青团中央颁发的奖状

上小学的雷锋还真有点红领巾小辅导员的味道。夏老师讲过这样一个故事：班里有个少先队员叫张义华，好学上进，但也有点淘，总变着法玩点什么抓俘虏的游戏。一次他经过杨家大叔的田地，捏了几个泥团，瞄准秧苗投过去，秧苗被打得东倒西歪，他觉得挺好玩，嘴里还哼哼“我们都是神枪手，每一颗子弹消灭一个敌人”。杨家大叔看到了，大喝一声：“谁家的孩子糟蹋庄稼，还红领巾呢！我找你们学校去！”张义华这才知道惹祸了，吓得赶紧跑。辅导员夏柳老师查清事情后，召开少先队队会，停止了张义华的队籍，收回了红领巾。

看到张义华难过的样子，雷锋心里也不好受。雷锋是队委委员，看到自己的同学被停止队籍，他觉得自己也是有责任的。星期天，雷锋从亲戚家要了些稻秧苗，带着张义华来到杨家大叔田里。雷锋说："伯伯啊，我们把秧苗补上。"张义华说："伯伯，我错了。"杨家大叔还在气头上，没理他们。他俩脱鞋下田，把歪斜的秧苗一蔸一蔸扶正，缺了苗的地方又补种上，不一会儿就出汗了。两人手上都是泥，往脸上一擦，都成了花猫脸。杨家大叔看这俩孩子是真心纠错，也消气了，对张义华说："知道错就改，还是好孩子，我到你们学校说说。"后来，杨家大叔找到教导主任钟霞生说："你们学校对学生要求真严格。雷正兴带着张义华把踩坏的秧苗都补好了，还到我家里做了检讨。小孩子做了错事能够改正就是进步，你们学校要表扬他们。"又一个星期天，雷锋约张义华帮助缺劳力的乡邻锄草……在雷锋的帮助下，张义华有了明显的进步。夏老师再一次主持少先队队会，让雷锋介绍张义华同学的表现。经过会议讨论后，夏老师亲手给张义华系上了红领巾："你归队了！"

六一儿童节，荷叶坝完全小学筹办了一次内容丰富、气氛热烈的庆祝大会。10 所小学 1500 多名少年儿童聚在这里。雷锋代表全体同学在大会上发言，他说："我只是千万个穷孩子中的一个，今天和师生们在一起庆祝六一儿童节，这是多么的幸福呀！这幸福是因为有了毛主席，有了共产党，领导中国人民解放军，推翻了压在中国人民头上的三座大山，解放了全中国。这是千千万万的革命先辈，抛头颅、洒热血换来的幸福生活。我们一定要学好科学文化知识，锻炼好身体，使自己成为建设新中国的有用人才。"

这天，县委书记张兴玉和安庆乡乡长彭德茂都坐在主席台上。雷锋讲完后，张书记从座位上站起来，摸着他的脑袋，表扬他讲得很好，鼓励他努力学习。雷锋给张书记留下了良好的第一印象。也许就是雷锋这个上进、可爱的模样，使他在以后的日子里得到了张书记的认可和帮助。

张兴玉，山西五台人。1922 年 6 月出生，抗日战争时期，任区治安委员、抗联主任；解放战争时期，任区委书记；新中国成立后，南下湖南，历任县委书记、地委书记、省农业厅厅长等。

张书记给学校赠送 300 本图书，雷锋请缨担任图书管理员。除了开馆借阅、修补整理图书这些日常工作，雷锋还主动向同学们推荐图书，并把自己从书中看到的故事讲给同学们听，吸引大家来看书，小小图书室办得红红火火。这份额外的工作，给爱读书的雷锋提供了一个新的天地。雷锋在这个第二课堂里汲取知识的营养，快速成长，为他以后的学习、工作，还有写作，打下了文化基础。

这时，雷锋的六叔祖母已经去世了，两个堂叔家里生活也很困难，只能让雷锋轮换着寄宿。懂事的雷锋放学回家后，总是先做完家务，再做作业。到了晚上，婶母有时舍不得点煤油灯，雷锋从没有抱怨，因为他知道，婶母操劳一大家人不容易。雷锋放学后有时要忙学校的事，回家晚了，桌上的饭被收拾起来，他仍无抱怨。在他留下的所有日记、书信中没有流露一丝委屈，相反，“对待同志要像春天般的温暖”“永远愉快地多给别人”之类的暖语处处可见，雷锋的微笑成了这个世界上最温暖的微笑。

在这段日子里，雷锋总结了“一问、二抓、三补”的学习方法。一问，就是上课没有听懂的问题，下课马上问老师，问懂为止；二抓，就是抓紧时间做作业，上午的作业中午就做完，下午的作业晚上做完；三补，就是上午耽误的下午补，下午耽误的晚上补，晚上耽误的第二天早上补。他好学上进，克服了很多困难，学习方面取得了好成绩。生活上，他总是积极主动做事，放学路上一路小跑，到家立刻帮着干活，喂猪、劈柴样样争着做。雷锋有一个在印刷厂工作的堂叔，叫雷明光，是个共产党员。他对雷锋的成长很关心，知道雷锋当时的境遇后，同婶母家商量，把雷锋接到自己家里住。

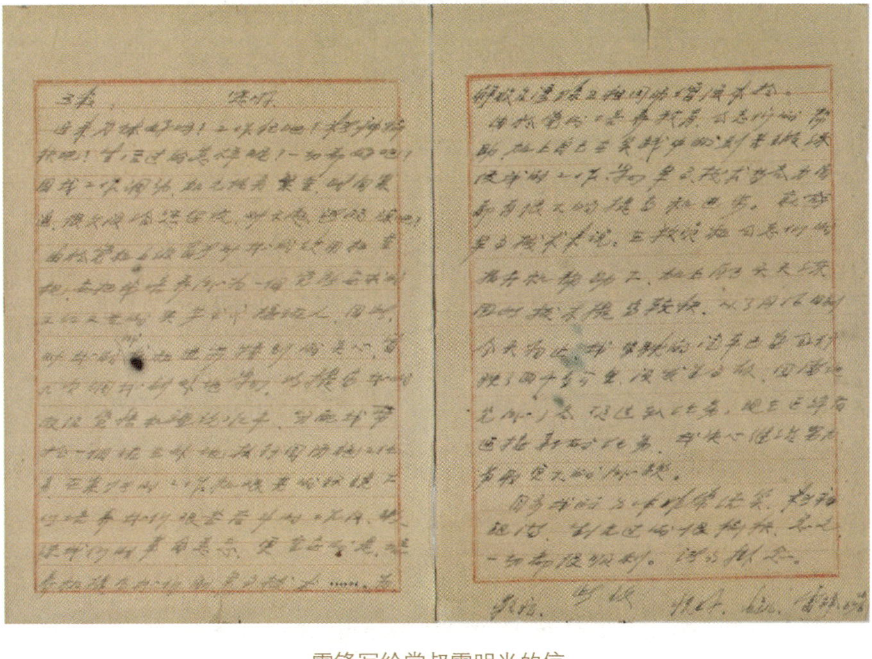

雷锋写给堂叔雷明光的信

雷锋参加部队运动会拍了一张照片，寄给了堂叔。这张照片上，雷锋身穿运动背心，一脸笑容，胳膊上鼓着绷绷紧的肌肉，照片背面写着“赠给父亲留念”。这句话表达了感恩之情，也流露出雷锋对亲情的渴望。雷锋当兵之后，得知婶母的孩子上学遇到了困难，两次寄出钱资助。知恩感恩，善良的苗苗在这颗苦难的心上发芽，一天天，一年年，最后长成“自己活着，就是为了使别人过得更美好”的人生观。

1960 年 7 月 19 日，雷锋参加沈阳军区体运赛留影

3. “我一定要做英雄”

1956年夏季，16岁的雷锋小学要毕业了。聪明好学的雷锋当然渴望能继续读书。他参加了初中入学考试，各科成绩都在90分以上。谁都认为他会继续读书，乡里也在研究怎么继续供他上中学。但在小学毕业典礼上，雷锋却在台上讲了一番出人意料的话。

亲爱的老师、同学们：

我们小学毕业，基本教育受完了，大家很高兴，感谢党、毛主席和老师。我们今天毕业真高兴，大家比我更高兴，能升入高一级学校学更多的知识，更好地建设祖国。我响应党的号召去当新式农民——做个好农民，驾起拖拉机，耕耘祖国大地；将来要做个好工人，建设祖国；将来要做个好战士，拿起枪用生命和鲜血保卫祖国，做人类英雄。

同学们，让我们在不同的工作岗位上竞赛吧！老师们，你

（们）看我的行动吧！我一定做个英雄，祝老师健康……

——雷锋在荷叶坝完全小学毕业典礼上的发言

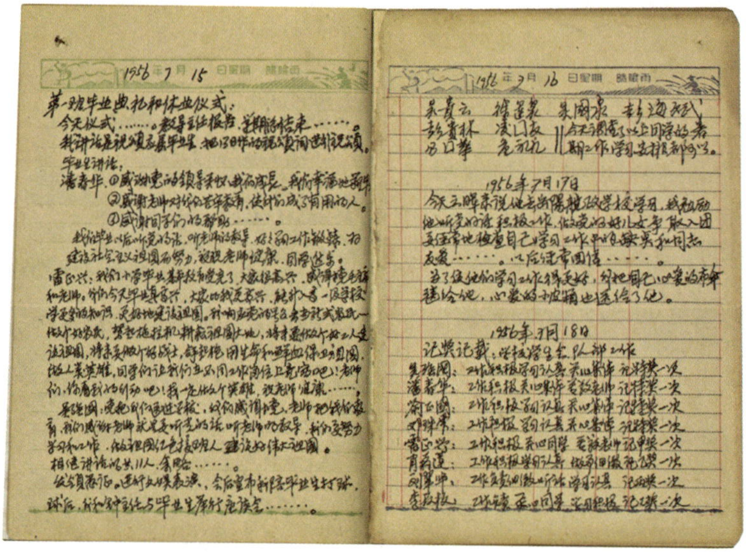

夏柳老师记录雷锋毕业典礼发言内容的手稿

雷锋的话让人惊讶，短短发言里两次发誓要当英雄。

雷锋的话让人惋惜，这是一个学业有前途的“小状元”。

夏柳老师看到，雷锋上台发言时眼含热泪，从台上走下来时已是泪流满面。表现出众的庚伢子为什么不继续上学呢？雷锋的本家、湖南雷锋纪念馆原馆长雷孟宣揭开了这个谜底。雷孟宣说：“雷锋放弃上初中主要有两个方面的原因：第一，20 世纪五六十年代农村开展了扫盲活动，雷锋觉得是党救了他，乡亲们养育了他，农民不识字，需要他。彭乡长多次说过，整个安庆乡就一个能读报纸的，也多次流露出想要雷锋教乡亲们识字的愿望。第二，雷锋的吃、住以及学费都是乡里免费提供的，乡里的负担也很重。雷锋体谅乡政府的难处，是他主动找到彭乡长，要求放弃上初中的。当时，彭乡长说：‘庚伢子，别着急，乡里正在想办法给你筹学费呢。’雷锋决心已下，谁也挡不住。当时他还讲了一句话，意思是他不能这么自私，不能光想着自己，他要靠自己的劳动养活自己，报答党和乡亲们。”

新中国成立后，经济和教育事业得到较快发展，全国高小和初中毕业生数量逐渐增多。以 1954 年为例，高小毕业生 400 余万人，初中毕业生 60 余万人，比 1953 年增加三分之一，但当时由于教育资源有限，这些学生不可能完全升入上一级学校。1954 年 4 月，团中央根据党中央的要求，发出了《关于组织不能升学的高小和初中毕业生参加或准备参加劳动生产的指示》。从 1953 年到 1955 年的三年时间中，各级团组织协助党和政府安置了 800 余万高小生和初中生参加劳动，使国家的劳动大军获得了一大批有觉悟、有知识的生力军。

望城县荷叶坝完全小学教师易华钦在 1993 年 7 月写过一篇文章，说影响雷锋作出这个决定的还有一个人，这个人就是以后被雷锋称呼为“健姐”的冯健。在当时，她是雷锋心里的偶像。

1956年的上半年,《新湖南报》刊登了望城县西塘农业社冯健的事迹。冯健高小毕业后回乡参加农业生产，办起了养猪场，被评为“省养猪模范”。易老师在高小毕业班宣读了向冯健同志学习的文章以后，同学们议论纷纷。有的说：“考上中学多学点儿文化知识，更能提高为人民服务的本领。”有的说：“放弃升学机会，是埋没了人才。”还有的说：“我家祖孙三代没进过校门，再困难我也想升学。”易华钦说：“当时的雷锋和其他同学一样，也是有过一番思想斗争的，但最终雷锋选择放弃升学，留在农村参加建设。雷锋在少先队办的黑板报上写了一篇文章，我记得内容有三个方面：一是，我的生命是党救活的，我穿衣、吃饭、成长、学文化都是党和人民供给的，我已经16岁了，应该自力更生了，我不能要党和人民再供我升学了。二是，建设新农村，急需一批有文化的人才，我可以适应目前农村的需要，我一定要像冯健姐姐一样，当一个有出息的新式农民。三是，我在农村边劳动边学习，让我们在不同的学校来一个学习竞赛吧。”

雷锋离开学校时依依不舍，但他的脸上挂着微笑，在他人生的道路上，他第一次自信地作出了选择。雷锋回到了安庆乡，彭德茂乡长非常高兴，他让雷锋担任乡政府通信员，还兼任简家冲生产队的记工员。雷锋还担任了夜校教师，利用业余时间教乡亲们认字。

这一年，雷锋的命运发生了一个重要的转折。

1956年8月，望城县委组织部干部黄菊芳到乡下为县委物色一名交通员。黄菊芳一连跑了三四个乡都没找到中意的，她抱着一线希望到了安庆乡政府。当时乡长彭德茂下村去了，乡政府办公室的堂屋里坐着几名男女青年，正在造秋征花名册。黄菊芳坐在堂屋里，一边等着彭德茂，一边和青年们搭起话来。聊天中，一个矮个子的小伙子表现得格外引人注意。黄菊芳说：“他个子最小，圆圆的脸上时刻是一副笑容可掬的样子，举止中现出几分机灵，言谈里不时带有一点儿幽默。这不正是合适的人选吗？”

黄菊芳，湖南长沙人，1932 年 9 月生，1950 年 8 月参加革命工作，1952 年 8 月入党。历任望城县委组织部干事、区团委书记、人事科副科长、区长等职。

彭德茂回来了。黄菊芳向他说明来意，同时问了刚才那个小伙子的情况。彭德茂沉思了一会儿，然后叹了一口气，动情地说：“这伢子命真苦呀！你想把他选到县里去，好啊！第一，你是看准了，他确实是个好苗子，勤奋又靠得住；第二，你做了件好事，他家里只剩他一个人，生活也不方便。”

彭乡长找来雷锋，介绍说：“伢子，这位黄同志是县委组织部的，她很关心你，同情你。”雷锋恳切地对黄菊芳说：“请一定要帮助我，给我介绍一个工作。我要报答毛主席和共产党的恩情。”

黄菊芳看雷锋手里拿了一本小册子，问道：“这是什么书？”雷锋不好意思地说：“不是什么书，我想像高玉宝那样，把我过去经历过的都写下来。”

高玉宝是谁？他也是一个苦难的孩子，9 岁就逃难到大连，在日本人办的工厂当童工，又到铜矿当过劳工。有一次他得病昏死过去，被扔到死人堆。后来，一个收尸的工友发现他还有一口气，用米汤救活了他。幸存下来的高玉宝投奔了解放军，参加了辽沈战役、平津战役和衡宝战役，立大功6次。仅上过一个月学的高玉宝，酷爱学习，一边行军打仗，一边学文化。仅仅学会写100多个字时，他就立志要写小说了。他要把穷人的苦难写下来。高玉宝1951年开始发表作品，1956年加入中国作家协会，著有长篇自传体小说《高玉宝》。高玉宝的名字，在20世纪50年代的中国十分响亮，他刻苦学习的精神深深感染着雷锋。

高玉宝入党申请书

图片说明：我从（虫子）心（心形）眼（眼睛）里（梨）要（咬）入（鱼）党（钟的声音，当当声）

一九四八年正月十五　高玉宝

长篇小说《高玉宝》在国内用7种民族文字出版，并在10多个国家和地区以15种外文翻译出版，仅汉文版就发行450多万册，并被改编为24种连环画。他先后写出了总计200多万字的几部长篇小说。周恩来总理称高玉宝为“战士作家”。他努力学习、发奋图强的精神，在20世纪影响了很多有志青年。雷锋生前和高玉宝一起交流学习体会，他拜高玉宝为老师，而高玉宝则称颂雷锋的“钉子”劲头，要向雷锋学习。在离开雷锋的日子，高玉宝被评为沈阳军区学雷锋标兵、辽宁省学雷锋先进工作者，被人们誉为“新时期当之无愧的活雷锋”。高玉宝于2019年逝世，享年92岁。

黄菊芳接过雷锋那本小册子，只见封面上用毛笔写着“苦难的家史　我的理想”。当晚，她久久不能入眠，心中既喜悦又有些不安。喜的是为县委发现这么个好苗子，不安的是他个子小，看着太年轻，不知道组织上会不会录用他。

回到县委机关，黄菊芳专门向县委书记张兴玉汇报雷锋的情况，同时提出了自己的看法和建议。张书记说：“小雷身板小，当交通员可能不合适，交通班的工作任务艰巨，他能吃得消吗？”黄菊芳想到张书记身边的公务员刚刚参军了，灵机一动，建议道：“可不可以调整一下，把小雷放到你的身边当公务员？”张书记点点头说：“那就试试看吧。”

几天后，彭德茂把雷锋送到望城县县委。“一个十五六岁的少年，个头不高，穿着蓝衣青裤，衣裤有几个补丁，但洗得干干净净，手里拎着一个包袱。他见到我有点儿紧张，怯怯地叫了声‘张书记’，那窘相活像一个很少出门的农家闺女。”这是望城县县委书记张兴玉当时见到雷锋的印象。

见到张兴玉书记，雷锋显得很拘谨，连说话都结结巴巴的。张书记拍拍他的脑袋说：“小同志，咱们认识啊，你不就是在六一儿童节上发言的那个小同学吗？”张书记又说：“别紧张，我们都是同志，你当公务员是为人民服务，我这个书记也是人民的勤务员，我们只是分工不同。共产党不论职务高低，一律平等。你愿不愿意当这个公务员呀？”“愿意！我从心里愿意。”雷锋高兴地回答。就这样，雷锋到县委机关工作，担任公务员，不久又兼任张兴玉书记的警卫员。

雷锋年纪小，身体瘦弱。张书记把他当孩子看待，在学习、生活、工作等各个方面关心他。雷锋生病了，张书记亲自给他打洗脸水、做面条。这让雷锋感受到了家庭般的温暖。

雷锋虽然小，可他知道自己的职责。书记每天晚上加班到很晚，雷锋就坐在门口把门。张书记说：“你去睡吧，坐门口干什么？”雷锋答道：“我得值班。保护你的安全是我的职责。”说着就起来给书记的缸子里倒开水。张书记劝不动他，只好依着他。过一会儿，雷锋坐在凳子上睡着了，张书记轻轻把大衣披在他身上。

1957 年秋，望城县县委书记张兴玉、两个县委副书记，还有县委常委、部长和妇联主任等十位领导同志在办公楼前合影。照相时，张书记特意让雷锋也加进来，站立在自己身旁。大家都知道，雷锋平时舍不得吃，舍不得穿，省得很，但就是爱美，爱照相。雷锋不好意思地捋了捋头上的刘海儿说：“你们都是领导，我是什么呀！”“不管是什么，你过来就行了。”张书记催着雷锋。雷锋跑过去，但不知道站在哪里合适。张书记一把将雷锋拉到自己身边，说：“就站这儿吧。”于是，雷锋就有了这张特殊的合影。照片上的雷锋，身子斜靠在张书记左侧，他外穿一件夹克衫，内穿白衬衣，白衬衣的领子翻在外面，一绺刘海儿美观可爱，脸上洋溢着幸福。

雷锋（前排右一）在望城县委与领导合影

望城县是1951年经国务院批准成立的一个新县。县委地址最开始在望城坡，后来搬迁到高塘岭，条件艰苦，衣食住行都不方便。县委机关条件并不好，办公、住宿用房都很紧张，吃饭还要搭带红薯、豆饼之类的杂粮，但大家生活得十分愉快。为了办好机关食堂，改善生活，大家利用业余时间开垦荒地，种菜养猪。雷锋很活泼，经常一边挖土，一边唱歌，大家都很喜欢这个新来的年轻人。那时，整个县委机关只有雷锋一名公务员。虽然分工是跟着张书记，但所有领导的开水供应、卫生打扫，以及会议室的管理，都由雷锋负责。大家对雷锋的印象是："他快乐地工作，心甘情愿地为大家服务。"

机关打开水都是在食堂里打，可吃饭的时候，水往往还没有烧开，大家只好提着空水瓶回去，待水烧开了，又忙得忘记去打，经常搞得没水喝。细心的雷锋发现了这个问题，他和食堂的莫大爹商量，搞了个小哨子，水烧开了，莫大爹就吹一声，叫大家来打水。后来，小哨子吹了，可来打开水的人并不多。原来，许多同志都忙得顾不上。雷锋就挨个办公室帮着大家打开水。机关的同志有点过意不去，说："小雷呀，你是为书记服务的。"雷锋一笑，说："书记那里没事，让我帮你们。"

县委机关里有几间公房，是给外地来县委办事的客人留的。有客人时，雷锋就是招待员。山东人爱吃大葱，山西人爱吃醋，河南人爱吃面，江苏人爱吃甜食，雷锋把客人的饮食习惯记在小本子上，告诉伙房师傅，帮大家调剂生活，客人都挺满意。有一次，客人来得多，床铺不够用，雷锋就让客人睡自己的床，还把自己值班穿的军大衣盖在客人的被子上，自己就在食堂拼两条长凳，将就一晚上。

一天，县委办公室主任皮问安关切地问雷锋："你累不累？身体能不能吃得消？"皮主任还提醒他："你在做好警卫和通信工作的同时，一定要挤出时间学习，但要注意劳逸结合。"雷锋激动地回答："主任，我懂了。你交代的任务我坚决完成好。""你还有什么困难没有？"皮主任问。雷锋说："我不累，也没有困难。"停了一会儿，他又说："我能为大家做点儿什么，心里才感到舒服，我多做点儿事是应该的，什么困难都不怕。"

"那次短短的谈话，给我留下了深刻的印象。雷锋那质朴而又富有深情的话感动了我，至今还常在我耳边回响。"皮问安在一篇回忆文章里写道。

这就是刚刚进入县委工作的雷锋，一个在旧社会被逼得家破人亡的孤儿。新中国时期的雷锋，从上学到参加工作，处处得到大家的关怀和照顾，无论是乡长、主任、书记，还是老师、邻里乡亲，在他心里种下的都是温暖的种子。"播什么种子发什么芽"，雷锋要把自己的快乐带给别人，把温暖洒向世界。

张书记从雷锋身上发现了一些"特质"，比如，翻看《毛泽东选集》，爱提问题。20 世纪 50 年代，《毛泽东选集》才发到县团级干部手上。张书记问他："你能看懂吗？"雷锋打开《中国社会各阶级的分析》这篇文章说："也能看明白一点，有些看不懂。书记，我给你提个问题吧。是不是南方的地主比北方的恶？”书记一听乐了，接着严肃地告诉他：“我家在山西。我从小受压迫，吃不饱穿不暖。地主的本性都是一样的，哪里的地主都一样。受苦人受苦的程度有所不同，但在本质上没有差别。”

张书记从历史的角度讲述了自古以来地主老财不劳而获、穷苦百姓劳而无获的阶级剥削和阶级压迫现象。张书记语重心长地说：“小雷啊，你所受的苦和所有劳动人民所受的苦是一样的，是联系在一起的，个人的困难也是整个民族的困难。地主老财压迫的不仅仅是一个人，而是天下所有的穷人……”这些道理，对这个苦难的孤儿而言是新鲜的，也是深刻的，雷锋似乎开窍了，思考了一下，进一步问道：“那应该怎么办呢？”张书记启发他，不要忘记过去的苦，但不能只记住唐地主的仇、张地主的恨。共产党是为全天下的老百姓谋幸福的，要共同消灭阶级压迫和阶级剥削，共同走上没有压迫没有剥削、人民当家做主的道路。他要求雷锋努力学习和工作，创造条件，实现一个人一生最光荣的三件事：成为少先队员，在已经是少先队员的基础上争取早日入团，进而加入中国共产党。雷锋学习毛主席著作是从这里开始的。在张书记的帮助下，雷锋心中朴素的阶级感情逐步升华为一种理性的觉悟。

张书记是雷锋的重要引路人。有一次，张书记带着雷锋下乡，他们背着背包，拿着镰刀，背包一放就和农民一起下地干活。有个农民家里揭不开锅，饿得躺在床上。张书记从口袋里拿出一张五元、一张十元的票子，递到他手里：“老乡，买点粮食吃，再买头小猪，生产自救啊！”雷锋也赶紧在兜里掏钱，张书记一摆手：“你刚参加工作，就别拿了。”“我就一个人，用不着多少钱。”雷锋说着，递给这个农民两张五元的票子。雷锋最早的扶贫济困行动，是跟着张书记学来的。在雷锋眼里，共产党的“官”都和张书记一个样子。

张书记对雷锋的教育和培养是随时随地的。有一次，雷锋随张书记下乡，他看到地面上有一颗小小的螺丝钉，就踢了一脚，而张书记却弯腰把它捡回来，擦干净，装进了口袋里。第二天，张书记交给雷锋一个信封，让他送到机修厂。到了厂里，厂长打开信封一看，里面就只有一颗螺丝钉。厂长拿着这颗螺丝钉思索了许久，终于明白过来。他把车间主任和团支部书记喊来说：“大家看到没有，这位县委来的小同志，把一颗小螺丝钉送到我们工厂里来了。他这种勤俭节约、爱护集体的精神值得我们学习。”雷锋脸红了。这是雷锋对“螺丝钉精神”的最早感知：国家底子薄，必须勤俭节约、艰苦奋斗。后来，张书记关于螺丝钉的另一番话也使雷锋受到很深的启发：“一颗螺丝钉，别看它小，缺了它就不行。就像你这个公务员，别看职务不高，我们的工作缺了你也不行。”雷锋领悟到，一个人就如同一颗螺丝钉，在革命事业这台大机器上发挥着必不可少的作用，必须紧紧地拧在自己岗位上，同整台机器一起运转，才能实现个人价值。

不久，雷锋认识了当时的一个“青春偶像”——冯健姐姐。在张兴玉的家里，雷锋第一次见到了冯健，一个衣着朴素、留着两条大辫子的姑娘。冯健高小毕业后回乡参加农业生产，带头进行科学养猪，18 岁加入中国共产党，被评为“全国青年社会主义建设积极分子”，上北京见过毛主席。张书记向雷锋介绍了冯健的情况，然后说：“你才到县里工作，只要好好干，也会赶上冯健姐姐的。”张书记拿出了《刘胡兰》和《把一切献给党》两本书，说：“战争年代出了两个英雄，一个是刘胡兰，一个是吴运铎。这两本书我送给你们。刘胡兰面对敌人铡刀宁死不屈，牺牲的时候才 15 岁。毛主席给她题词‘生的伟大，死的光荣’。吴运铎是新四军的军工战士，在战争年代，为前线造弹药受伤致残，失去了四根手指和一只眼睛。但他身残志不残，还在病床上写下了《把一切献给党》。你们要好好学习他们的革命精神，有志不在年高，英雄路在脚下。”

雷锋读过的《把一切献给党》

临别时，冯健对雷锋说：“我比你大几岁，今后我们就像姐姐和弟弟一样，你有什么需要我帮忙的事情就找我。”雷锋听了，高兴地叫了一声“姐姐”。

张书记为了推动县里的养猪事业，自己带头养了两头猪。他常带人到冯健的青年养猪试验场参加劳动，总结经验。这样，雷锋见到冯健的机会就多了。他每次见到冯健都要问冯健姐姐见到毛主席时的情景。有一次，雷锋悄悄地告诉冯健，自己在梦里见到了毛主席。冯健鼓励他：“毛主席最关心年轻人，只要做出成绩，你就一定能见到毛主席！”

后来，雷锋带头响应县委号召，捐钱建拖拉机站。当时，青年人一般都是捐几角、几元钱，而雷锋却捐了 20 元，是全县捐款最多的青年人。那时，雷锋每个月的工资还不到 20 元，除去伙食费、日常开销，他攒不了多少钱。冯健问雷锋怎么捐这么多，而雷锋却觉得自己捐少了，他说：“我平时剩余得不多，工作一年多才剩余这几个钱，如果剩余得多一点，我会多捐一点。”

纪念

雷正兴同志，为建立望城青少年拖拉机站积极地开展了增产节约，勤俭办一切事业，热情的捐献人民币贰拾〇元〇角〇分正，特发予此证，以资纪念。

共青团望城县委会

公元一九五八年 月 日

共青团望城县委会颁发给雷锋的捐款纪念证

1958 年 10 月，冯健被保送到湖南农学院读书。雷锋听到这个消息，又高兴又羡慕，对冯健说：“我真想跟你一起去农学院读书。”冯健要去上学了，雷锋来她家送行，他对冯健讲了许多祝贺和鼓励的话，还一再表示希望今后可以保持联系并继续得到冯健的帮助。没想到，这次见面竟成了永别。

1961年四五月间，冯健在一本杂志上看到了雷锋的先进事迹介绍，便写了一封信祝贺他。没过多久，雷锋就回了信，还寄了一张擦洗汽车的照片。在照片的背面，雷锋题写了："冯健姐姐，我永远向你学习，为共产主义奋斗终身。"

那年我是望城县西塘高级农业社团总支书记。

第一次见到雷锋是在县委书记家里，他正教书记女儿系红领巾。雷锋个子不高，身材瘦小，穿着朴素整洁，年龄不过十五六岁。

书记说："这是新来的公务员小雷。"又指着我说："她就是你早就听说过的冯姐。"雷锋说："冯健姐姐，你真了不起！见过毛主席。"

雷锋每次见到我都要问见毛主席的情景，一个细节也不想放过。比如：毛主席和你握手了吗？毛主席对你讲了什么话？甚至连毛主席穿什么样的衣服，写字、走路的姿势都要问到。

……

那段时间，雷锋是快乐的。他的白衬衣领子经常翻到外套领子的外面，衣服口袋别着支钢笔。1958年……望城县委在团山湖创办了农场，18岁的雷锋成了这里最早的一批职工。在美丽浪漫的团山湖，雷锋度过了他一生中最浪漫的时光。几个月的时间，在纵横六七里的团山湖湿地，雷锋和他的同事们就围垦出一个新的国营农场。望城农民喜欢种紫云英肥田，每到阳春三月，鲜花盛开，如火如霞，雷锋到田野里采摘回来放在玻璃瓶里。就是在这样美丽的环境下，雷锋写下了这首《南来的燕子啊！》。现在读起来仍然亲切，仿佛我可爱的弟弟又来到我跟前。

——冯健《我又见到了可爱的弟弟》

雷锋只有高小文化程度，但看过雷锋诗歌、文章和日记的人，都会被字里行间所流露出来的真情实感打动。军旅作家周大新曾感慨：“我们差点儿就成了同行。”

南来的燕子啊！
新来的候鸟，
从北方飞到了南方，
轻盈地掠过团山湖的上空，
闪着惊异的眼光。
我听清了呢喃的燕语，
像在问：“为什么荒芜的团山湖，
今年改变了模样？”

南来的燕子啊！

让我告诉你吧：

团山湖这片未开垦的处女地，

是由于党的巨大的力量，

才围垦成一个新的农场；

是他们——农场的工人们，

用勤劳的双手，

给团山湖换上了新装。

……

——雷锋《南来的燕子啊！》

雷锋还在工厂和部队担任过文化教员。那么，雷锋的文化水平实际如何呢？他是否继续学习过呢？1956年至1957年，雷锋在望城县机关干部业余文化补习学校初中班学习过。1956年秋，雷锋到县委工作后，向补习学校提出了插班上学的申请。当时校方考虑到这期初中班已经开课一阵了，劝他下期再入学。其实，校方拒绝雷锋还有一个原因，补习学校只对国家干部开放，雷锋属职工编制，不符合入学条件。雷锋却执意要插班。他找到补习学校的专职教员彭固善，恳求说："彭老师，我现在太需要提高文化水平了！前面教过的内容，麻烦您课外帮我补一补，好吗？我一定加油赶上去。"张兴玉书记知道了这件事，破例允许雷锋入校学习。

雷锋也是真争气。他说到做到，在老师的帮助下只用了个把月时间就把前面的功课补上了，并且补齐了过去的作业。雷锋深知这学习的机会来之不易。他随县委领导出差前，会先到老师那里“领课”，问清楚出差期间的课程，请老师指出学习的重点、难点。出差期间，他有空就自学。出差回来，他又“缠着”老师帮他补课，检查他的自学成绩。

功夫不负有心人，雷锋用了一年的时间，学完了全部课程，各科成绩都很好，特别是语文一科，达到优秀。雷锋学习语文很认真，课余时间总是坚持记日记，文字水平提高很快。有一次，他把《党是我的亲爹娘》一文送给彭固善老师修改。文章感情真挚，让彭老师记忆深刻。他写的《我的童年》，曾在班上作为范文朗读过，有的同志听后流下了眼泪。雷锋最喜爱魏巍的《谁是最可爱的人》，不但能全文背出，还能和班上的同志们一道讨论“排比”“设问”等修辞手法在这篇文章中的作用。雷锋学习数学也爱动脑筋，每次数学考试成绩都在 85 分以上。有次数学测试，他得了 92 分还不满足，对彭老师说：“彭老师，您对我多辅导一下，我争取拿 100 分。”后来，有几次数学考试，雷锋真得了 100 分。

雷锋在日常工作和生活中也不放过一切学习的机会。雷锋到县委工作的第三天，认识了中学毕业的县委财贸部干事周绍铭。雷锋拉着他的手，恳切地说：“你是我的哥哥，见识比我多，我初到机关什么都不懂，你不仅要在文化上帮助我，还要在政治上帮助我。”在周绍铭的帮助下，雷锋开始练毛笔字。后来，他又在周绍铭的指导下读报纸、记日记。

有一次，我们下乡到了大湖乡西塘猪场，晚上睡在门板搭起的铺上，我告诉小雷："你还可以到办公室去看《人民日报》《湖南日报》《建设报》《望城报》。我是搞财经的，除了这些报纸，还要看《大公报》，每天还不间断地写日记。"他听后对写日记很感兴趣，便问我天天写日记该记些什么。于是，我把写日记的体会告诉了他。从此以后，我发现他书不离手，写字不间断，进步很快。

——周绍铭

雷锋到县委机关工作以后，自费订阅了《中国青年》《人民文学》等杂志，还购买或借阅了《唯物主义和经验批判主义》《可爱的中国》等书。他喜欢听、讲或阅读革命英雄人物的故事。据时任县委办机要秘书兼县委机关团支部书记的冯乐群回忆，雷锋非常喜爱革命英雄人物的故事。望城是革命老区，以郭亮为代表的革命先烈，为人民解放事业英勇牺牲的事迹和精神深深地影响着雷锋。此外，他还经常到书店买书看，这些书不仅有故事书，还有连环画。他在阅读时，用点、圈、画等记号标注重点，自己读完后还讲给机关其他同志听。他在讲这些英雄人物故事时，能很自然地、有机地联系起毛主席著作中的道理。他一直珍藏着关于黄公略、郭亮等湖南革命先烈生平事迹的《不朽的战士》一书。

1957 年的元旦，雷锋来到照相馆，头戴青色呢帽，身穿蓝色列宁装，胸前佩戴着圆形白底红字的“中共望城县委员会”证章，拍了一张半身照。照片上的雷锋像一个留苏的中国学生，脸圆乎乎的，含笑前视，纯净得像一湾清泉。这张人物肖像，展示了一个苦孩子的新面貌。

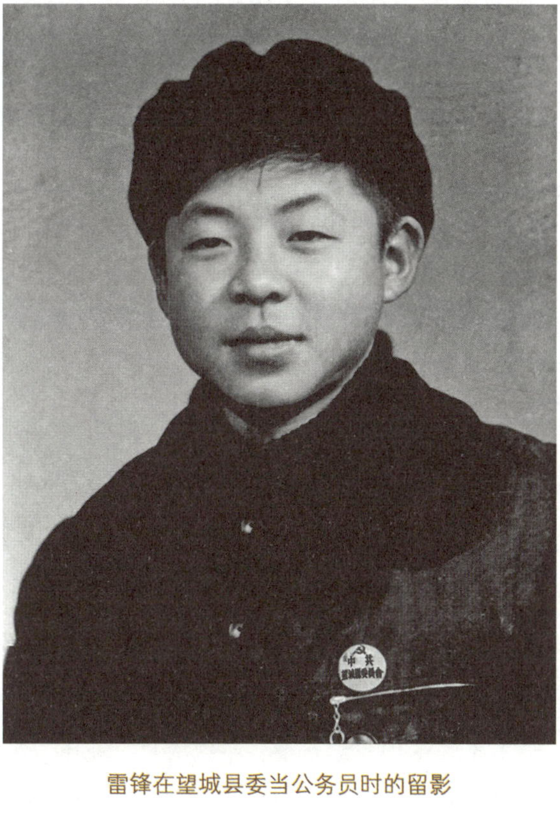

雷锋在望城县委当公务员时的留影

雷锋想起张书记要求他实现的人生最光荣的三件事。加入新民主主义青年团（共青团的前身）是他渴望已久的愿望，他已给团组织递上了入团申请书，但还没有回音。雷锋找到冯乐群问道：“我申请入团，不知道能不能批准？”冯乐群说：“团组织的大门随时都是敞开的，你只要努力创造条件，是完全可以入团的。但你要经得住组织的考验。”“我现在够不够条件？还有什么缺点要改正？”雷锋真诚地询问。冯乐群说：“你的基本条件够了，但是还有些缺点和不足之处，应该改正。一是有时学习抓得还不够紧；二是多少还有点散漫习气；三是有时还会有一点自满情绪和优越感。”冯乐群的话很实在，雷锋默默地记在了心里。劳动归来，冯乐群送给雷锋两本书。一本是新民主主义青年团的章程，另一本是新民主主义青年团员基本知识读物。

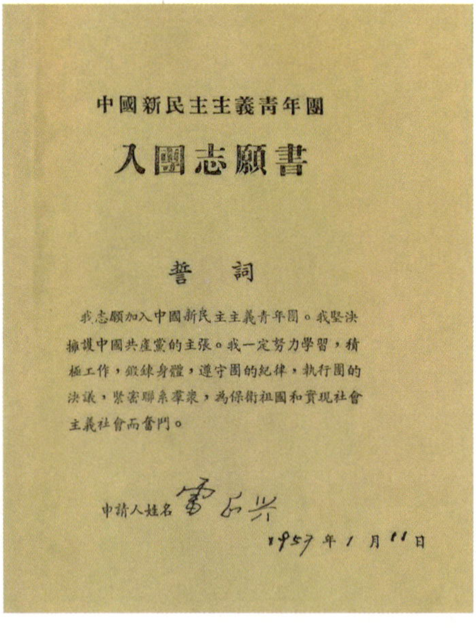
中國新民主主義青年團
入團志願書
誓　詞
我志願加入中國新民主主義青年團。我堅決擁護中國共產黨的主張。我一定努力學習，積極工作，鍛鍊身體，遵守團的紀律，執行團的決議，緊密聯系羣衆，為保衛祖國和實現社會主義社會而奮鬥。
申請人姓名 雷正兴
1957年1月11日

1957 年 1 月 11 日，雷锋填写的入团志愿书

过了些日子，雷锋拉住冯乐群的手说：“你送给我的两本书，我看了几遍了，明确了入团的目的。入团就是要当好党的助手，为党的事业尽心尽力，为共产主义事业奋斗到底。”1957 年 2 月 8 日，雷锋加入了新民主主义青年团。不

久，雷锋被团县委评为“建设社会主义青年积极分子”，出席了团县委召开的全县第一届建设社会主义青年积极分子大会。雷锋在小组讨论会上发言：“我要努力工作，为社会主义多作贡献，争取早日加入中国共产党。”

望城境内有一条沩河，经常泛滥成灾。1957 年，望城县委研究决定，降伏恶龙，根治水患，建造万亩良田。这是新中国成立后，造福百姓的一件大喜事。望城县成立了指挥部，县委书记张兴玉任政委，县委副书记赵阳城任工程总指挥，在现场指挥。指挥部设在乌山公社杲山大队杲山庙。这是个百年老庙，房高屋大，昏暗潮湿，砖墙破旧不堪。用土砖架起几块木板，铺上一层稻草就算是床了。工地上的生活条件更差，用树枝和芦苇搭建的工棚四面透风，棚内铺上一层芦苇就算是床了，一日三餐全都是米饭加萝卜、辣椒、酸菜汤。

工地建设者的名单上本来没有雷锋，但他一连几次递交申请书，坚决要求参加这场改造大自然的战斗。张兴玉担心他个子小，身体吃不消，不同意他的要求，但扛不住他三番五次死缠硬磨，就松口了。当时赵阳城正在“打摆子”（即患疟疾），张兴玉对赵阳城说：“老赵呀，你身体也不好，就让雷锋跟着你到指挥部当个通信员吧。”

在工地当通信员是个苦差事。工地上的所有文件、报纸都要靠通信员送。当时，正值冬季，雨雪天多，天寒地冻。指挥部下设 11 个大队，近 2 万人，沿着沩河摆了个长蛇阵，南北端与指挥部各相距 11 公里。“摇把子”电话经常打不通，全靠通信员两条腿跑。路冻地滑，跑得快了要摔跟头，雷锋就把稻草缠在鞋子上防滑。任务一来，不管白天还是黑夜，下雨还是下雪，雷锋立即出发，保证完成。感受到了治沩工程的艰苦，雷锋在笔记本上写下了短诗《以革命的名义》：

以革命的名义，想想过去；
以革命的精神，对待现在；
以革命的态度，创造未来。

一天傍晚，《治沩工程报》记者刘大瑾从第五大队回指挥部，他好奇地问雷锋："在鸟类中，你最喜欢哪一种？"雷锋不假思索地说："我最喜欢啄木鸟。"随即，雷锋朗诵了他自己写的一首诗《啄木鸟》：

把自己当作啄木鸟吧！
用辛勤而艰苦的劳动，
为万木除病灭害，
使树长得挺拔参天。
绿化原野，
造福人类！
……

工作条件艰苦的治沩工地，激发了雷锋的创作欲望，好像文学细胞在身上涌动，美好的话语像炒豆子一样在手下蹦出。1957 年到 1958 年间，雷锋迎来了一个“写作旺季”，被人称为“文学青年”。

这一时期雷锋的文学作品如下：

诗歌 9 篇

啄木鸟（1957 年）

以革命的名义（1957 年 12 月）

人定胜天（1958 年 4 月）

我的感想（1958 年 5 月）

排渍忙（1958 年 6 月）

南来的燕子啊！（1958 年 8 月 1 日）

台湾（1958 年 8 月）

党救了我（1958 年 9 月）

歌颂领袖毛泽东（1958 年 9 月）

小说 3 篇

小说短章（1958 年 1 月）

茵茵（1958 年 8 月）

一个孤儿（1958 年 10 月）

文章 3 篇

我学会开拖拉机了（1958 年 3 月 16 日）

诗歌札记（1958 年 7 月）

决心书（1958 年 11 月 7 日）

大家阅读《雷锋日记》时也许会注意到，在 1959 年前，《雷锋日记》记录的都是雷锋创作的诗歌、小说、散文和通讯报道。他在县委工作时曾向同事求教怎么写日记，但真正的日记体是他到了鞍钢之后才出现的。这又是为什么？我想，在那个激情燃烧的岁月里，一个翻身解放的苦孩子像鲜花一样绽放了。自小就“背着皮影走四方”，具有文艺才能的雷锋，在火热的劳动工地找到了施展自己才华的舞台。

（一）

三月间，一个晴朗的日子，姑娘们你伴我、我叫她，成群结队地奔上山岗，到处寻找各种野菜。她们是多么快乐啊！

她们每个人都像飞出笼的鸟儿，嘻嘻哈哈地说说笑笑，打打闹闹，唱着自己编的山歌儿……

（二）

你看那晚冬的拂晓，白雪蒙地，寒气钻骨，干冷干冷。在那宽阔的土地上，青年们响亮的歌声，冲破黎明的寂静。你看那青年男女，健美英俊，燕子一般，如涛似浪，热火朝天。还有一群青年们，无不欢欣鼓舞，到处哼唱着“千年的铁树开了花，万年的枯枝又发芽”，一片洪亮的歌声……

（三）

随着夜的降临，雨也下来了。开始是几颗雨星，渐渐增多，变大，一会儿就变成倾盆大雨了。天黑得伸手不见五指，两个人相对碰着鼻尖也难看清脸面。在这样滂沱的雨夜里，路上一个行人也没有，已是下半夜了……

——雷锋《小说短章》（节选）

诗言志，文达心。这些片段表达了一个获得解放的孤儿对美好生活的憧憬。

沩河改造，根治水患，得到了大多数老百姓的拥护，但也有些人不理解。有一天，指挥部门前来了一伙人，吵吵嚷嚷，要见赵阳城。赵阳城当时“打摆子”，正在床上躺着，听到声音后就披衣出来了。“你姓什么？”“我姓赵。”“不对，你姓秦，你叫秦始皇。你就是秦始皇筑长城，劳民伤财。”雷锋听到后气得满脸发紫，一下子跳到椅子上，他指着指挥部前面的一座桥说：“封建社会十个婆婆子，都能联合起来修这座桥，为乡里造福，今天共产党领导我们搞社会主义建设，造福人民，难道我们还不如那十个婆婆子？难道我们害怕吃这几天苦？”来起哄的人，有的被这伢子的真情感动，有的被他讲的道理折服，有的被雷锋的一身正气震慑，三三两两地散去了。通过这件事，赵阳城感到要加强工地的宣传工作，于是组织大家开展回忆对比和劳动竞赛。雷锋积极响应，把《治沩工程报》刊登的一首诗歌《儿要治沩娘也忙》，套上湖南小曲儿唱了起来。这曲调有点儿像湖南花鼓戏《刘海砍樵》，几个搞后勤的女孩子，拜雷锋为师学会了这首歌，就这样一传十，十传百，工地上到处都能听到这首优美动听的曲子：

月儿弯弯照屋檐，娘在房中把线穿，
油灯一盏燃过了，儿要治沩娘也忙。
老娘做鞋眼发花，几次起身拨灯花。
鞋底纳的胡椒眼，面上镶的滚洞边。
儿哎，娘为你治沩不贪眠。

经过一个冬春的奋战，治沩工程顺利竣工，雷锋被评为“治沩模范”。治沩工程结束后，县委决定在围垦出来的团山湖办一个农场，让荒芜的湖沼地变成粮仓。由于县里财政吃紧，经济困难，团县委便发出号召，动员广大团员和青年积极捐款，购买一台拖拉机作为给新开垦的团山湖农场的献礼。大家热烈响应，积极捐款，有捐三角五角的，有捐一元两元的。其中捐款最多的就是雷锋，一下子捐了 20 元。

崭新的拖拉机开进农场，大家像看新媳妇一样凑热闹。这个“铁牛”可抵得上几十头牛、几百个壮劳力，机械化代替牛耕——拖拉机手不就是雷锋梦想中的“新式农民”嘛！经上级批准，雷锋当上了全县第一个拖拉机手。

我学会开拖拉机了

望城团山湖农場　雷正兴

3月10日，是我永远不能忘記的日子！这天，我第一次学会了开拖拉机。心情是何等激动呵！

我7歲时父母双亡，变成了一个可憐的孤兒。那时在國民党反动統治下，只得給地主放牛，吃不飽，穿不暖，經常挨打挨罵，过着牛馬一样的生活。

自从来了人民的救星——共产党，把我从火坑中拯救出来，送我上学，給我吃的穿的，把我培养成为一个有一定知識、觉悟的青年；使我于1956年投入革命的怀抱（在縣委会当通訊員），并在1957年2月加入自己光荣的組織——共青团。

今年1月底，团县委号召建立望城第一个青少年拖拉机站，接着又看見農学院的拖拉机来支援团山湖犁田，我多么想当一个拖拉机手！我就把節约下来准备做被子的20元錢，全部捐献了，只想拖拉机站馬上建成就好！

这次，党批准我下鄉当農民，我真是高兴極了。在2月26日，光荣的走上了劳动战綫——到了团山湖农場，学習駕駛拖拉机。

当我第一次爬上拖拉机駕駛台学習的时候，我真高兴得要跳起来。我坐在駕駛員的身边，專心地看他們怎样操作，怎样轉湾，怎样發动汽油机…………。老陈一面駕駛，还一面告訴我操作方法和各部份名称。我一点一滴都記在腦子里，并寫在日記上。这几天，我总是睡不着觉，老是想着拖拉机，在床上翻来复去，回憶着老陈的指教。只想不睡觉，起来又去学習就好，只想早一日学会，早日为祖國出一点力量。

学習了一个星期，懂得了一些操作方法和基本知識，老陈就要我試驗駕駛。他真的讓出坐位，站在一旁，指点我。我一坐上駕駛台，心跳得很高。生怕开不動，别人会譏笑；又怕沒有力，拉不動方向盤；还怕刹不住車。我的心情既是緊張，又是愉快，手脚都不由自主地顫抖起来。老陈对我說：“不要怕，要放勇敢些！”这时我才把油門加大，把联合器向上一推，拖拉机嘎嘎地开動了。可是，拖拉机总不听我的指揮，走灣路。开了一会兒，我不怕了，心也不跳得那么厲害了，手脚也慢慢地不发抖了。这时，拖拉机也听我的使喚了。在这个時候，我的心情又是多么喜悦呀！我回头望望，看看那可爱肥沃的土地，很快的被犁翻了，彷彿看見一大片綠油油的可爱的莊稼。

“今天，真有很大的收獲，过得真有意义。”下班以后，腦子里一个轉又一个轉地想着。吃飯的时候，还好象坐在拖拉机上似的，不停地摇擺着；拿起筷子，象握住拖拉机的方向桿一样，隨手推動；兩只脚象踏在“刹車”和“油門”上，自然地踏动着。我想，今天得到这样的幸福，不是党的培养教導，又那里来呢！

我一定要以实际行动，来报答党对我的親切关怀和照顧。一定努力鑽研，勤学苦練，克服一切困难，忘我地工作，爭取做望城的第一个优秀的拖拉机手

1958年3月16日，雷锋《我学会开拖拉机了》在《望城报》上发表

1958年的金秋，县委书记张兴玉调到岳阳工作，赵阳城接任县委书记。县领导特意将雷锋从团山湖农场叫回来合影留念。这是雷锋在家乡的土地上留下的最后一张照片，也是他最钟爱的照片之一。

1958年秋，湘潭钢铁公司、武汉钢铁公司、鞍山钢铁公司都来望城招收工人。南方人不习惯北方寒冷的气候，许多青年人都报名去了湘钢、武钢。鞍钢招收2000名工人的计划遇到了困难。有人说，那里冬天冷得要冻掉耳朵，有的说一天两顿窝窝头吃不消。

雷锋选择了鞍钢。他知道鞍钢是“新中国钢铁工业的摇篮”。清朝末年，日本人为进行政治经济侵略，在鞍山地区开展了非法的寻矿行动。民国初年，日本人攫取了采矿权，开办了钢铁企业。九一八事变之后，其钢铁生产能力突飞猛进。但是，日本侵华期间，生产的大部分钢铁都被运往日本，为日本的军国主义所利用。鞍山解放后，鞍钢才回到人民手中。在实施第一个五年计划之前，国家就作出了集中力量建设鞍钢的决定。因为有了鞍钢，鞍山在20世纪50年代成为新中国15个直辖市之一。那时候的鞍山可以说是一座移民城市，许多有志青年从祖国大江南北来到这里。雷锋也要在这里为祖国的大建设添砖加瓦。

赵阳城听说雷锋报名去鞍钢，对他说：“我是太行山人，我们那儿冬天撒泡尿还结成冰疙瘩，东北可就更冷了，你能受得了吗？那里可不像咱湖南有的是大米吃。他们吃的是玉米面窝窝头，你能吃得惯吗？”“他们能吃我也能吃，我不怕。我能吃苦。旧社会什么苦没吃过，现在这些苦对我来说就不算是苦。”雷锋回答道。

在去县里报名的路上，雷锋对一同去的张希文说：“希文，雷正兴这个名字是我幼时叔公给起的，有家道兴旺的意思。旧社会我连家都没有，还说什么兴旺呀。我不喜欢，一直想改个名字。不如趁现在报名当工人的机会改一下。”“你想改什么名字？”张希文问他。雷锋说：“最近，常在乌山、金山等地走，觉得山能登高望远，不会迷失方向，想改名叫雷峰，峰就是山峰的峰。”张希文说：“改得好，我也改个名吧。旧社会什么希望也没实现，还是解放了，我才到了县委交通站工作。你也给我起个名。”雷锋说：“就改一个字，把‘希’改成‘建’吧。旧社会，你家里给你起名‘希文’是希望你有文化的意思。可是，你也只读了三个月的书，还不是希望落空。我看，你就叫‘建文’吧，咱们一起建设社会主义，建设新文化。”张希文听了直拍手，说：“改得好，改得好。”

就这样，张希文在招工表上填下“张建文”，雷锋填了“雷峰”。张建文说：“这件事，知情的人并不多，只有我以及那些与他互相题词留念的人才知道。”

后来，雷锋对赵阳城提出：“书记，我要改个名字。雷正兴这个名字，没劲！”赵阳城说：“怎么没劲呀？雷正兴，正正派派，兴兴旺旺。”雷锋还是说：“没劲。”雷锋为什么觉得雷正兴这个名字没劲，当时雷锋并没有跟赵书记直说，他只是说：“我想改叫雷峰。山峰的峰，登高望远，有劲！”赵书记说：“你是到钢铁厂，钢、铁、铜、银都要有金，你这个‘峰’字，右边不变，左边换个金字旁就准确了。”

1958 年 11 月，雷锋要到鞍钢报到了。赵阳城真舍不得他走啊！几十年后，他还动情地说：“我年长雷锋 13 岁，虽然是他的领导，但我们像亲兄弟一样。我身体不太好，雷锋经常照顾我。”

那天，赵阳城把雷锋送到码头，拉着雷锋的手说：“我身体不好，谢谢你经常照顾我。”“赵书记，谢什么？这是我的职责。”“你要离开生你、养你的望城，到遥远的鞍钢去了，希望你听组织的话，当一个好工人。”“书记，我不会给望城人民丢脸，也不会给县委丢脸，不会给你丢脸，我去为人民打冲锋，冲向全中国，冲向全世界。”

我曾在当地人的指引下，到实地体验感受。在那一刻，我仿佛变成了当年的赵阳城：汽笛一声鸣响，汽轮缓慢地离开码头，驶向湘江。我一直站在码头上，向雷锋挥动着双手。我的眼睛有些湿润，我是多么舍不得雷锋离开啊！远方的雷锋，一直在向我挥手，他的泪水一滴一滴掉落下来，轮船慢慢地在我的视野里消失了，但我还是感觉看到了他，他依旧站在船尾，望着家乡……

这是雷锋向家乡的告别，也是他最后一次回望家乡。

南来的燕子啊，飞向北方……

年轻人的心总是不那么安分。

1958 年 11 月 8 日下午，雷正兴突然领着一位陌生的男同志来见李庆发书记。来到五星人民公社的办公室，雷正兴对李书记说：“这位是鞍钢来望城县负责招工的同志。”

客人说：“小雷已经被我们录取到鞍钢去支援工业建设，今天我是特意陪伴他来辞行的。”

1924 年 12 月出生、1944 年参加革命工作的李书记说：“你们的眼力真好，一下子就看中了我们的小雷。小雷在我身边，我不想让他离开我。可是支援鞍钢是好事情，也许能让他更有出息。小雷年纪小，没有父母，到你们那里，希望工人同志们能够多多关心照顾他，他在我们这里工作是很出色的。”

他跟着介绍了雷正兴在县委机关、治沩工地、团山湖农场的优秀表现以及曾经捐款的事迹。鞍钢的同志边听边点头。李书记强调说：“雷正兴根红苗正，已经是一名熟练的拖拉机手，到鞍钢后，希望多加培养。”

鞍钢客人十分理解地表示，回工厂后，一定向领导汇报这些情况。小雷在家乡是一个优秀的青年，到了工人阶级队伍里，相信会有更好的发展。

最后，李书记留恋地说：“小雷要走了，这一去不知道何年何月才能见面，我没有别的要求，就是今晚想把小雷留下来，再住一个晚上。”三个人都点头同意。

这一天晚上，两个人在李书记的斗室里彻夜长谈。李书记说：“小雷，你在我身边工作一年多，明天要离开，我真的舍不得呀！”雷正兴说：“李书记，我在旧社会是一个无依无靠的孤儿，是共产党和毛主席把我从水深火热之中拯救出来的，送我上学读书，又让我参加工作，今天又送我参加祖国的工业建设，我一辈子都要感谢共产党和毛主席的。”李书记嘱咐他说：“到了新的岗位，你要继续努力，听毛主席和共产党的话，服从领导，团结同志，我在家乡等待你的好消息。”

“我会的，李书记。我到县委机关工作以来，张书记、赵书记、您，还有其他领导和同志，像父母兄长一样关心我、教育我、培育我，使我感到幸福和温暖。说句心里话，我也舍不得离开你们，舍不得生我养我的家乡。”雷正兴说着，一头扑到李书记的怀里呜呜地哭起来，“李书记，李叔叔，我将来有机会会回来看你的……”

李书记含着泪花说：“小雷，你是个好孩子，你去吧！放心地去吧！为祖国的工业建设去努力奋斗吧！我相信你，无论走到哪里，你都是一个好孩子，都会有出息的，都会作出贡献的。你热爱家乡，家乡人民也惦记你。”

——华东方《离开家乡去远方》

4. 淬火鞍钢

离开家乡前，雷锋又一次去了郭亮烈士陵园。

郭亮就是望城人，青年时立下壮志，救国救民，为党为人民洒尽了最后一滴血，英雄的精神深深铭刻在雷锋的心上。

郭亮（1901—1928），湖南长沙铜官镇（今属望城）人，工人运动领袖。1916年，年仅15岁的郭亮在长沙街头看见了被杀害的革命党人的头颅，吟诗明志：“湘水荡荡不尽流，多少血泪多少仇？雪耻需倾洞庭水，爱国岂能怕挂头！”12年后，已经担任中共中央候补委员、中共湘鄂赣边特委书记的郭亮，被叛徒出卖，在岳阳被捕，于1928年3月在长沙英勇就义，时年27岁。国民党将他的头颅挂在长沙司门口示众三天三夜，又移至他的老家铜官东山寺戏台示众。远在上海的鲁迅听到这一消息，在报纸上公开发表文章，痛斥敌人的凶残，高度赞扬革命者的牺牲精神。“提着脑袋干革命”的郭亮，被毛主席称赞为“有名的工人运动的组织者”。

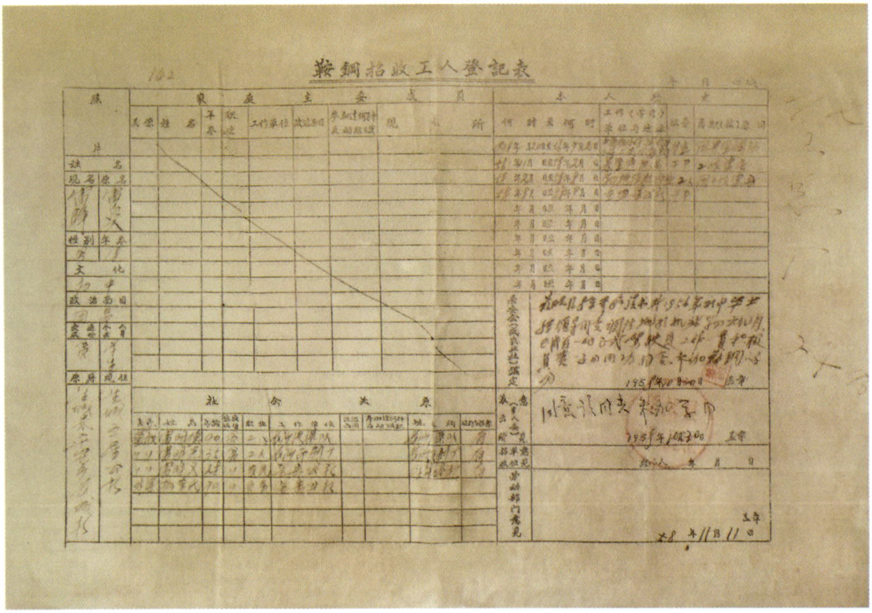
鞍鋼招收工人登記表

雷锋填写的鞍钢招收工人登记表

1958 年，18 岁的雷锋远离家乡到辽宁鞍钢当工人。辽宁是新中国的工业基地，能到鞍钢去参加祖国建设，雷锋心里无比喜悦。11 月 13 日，从长沙坐车到了武昌后，他和工友们利用换乘等车的时间，来到武汉长江大桥。雷锋站在江边仰望大桥，眼里闪着激动的光。

“原来全是钢铁呀！”雷锋感慨地说道。和雷锋一起去鞍钢当工人的易秀珍，没听清雷锋说什么，问：“你说什么？”

雷锋指着大桥说：“那下层铁路桥是什么造的？钢铁！那上层公路桥是什么造的？钢铁！全是钢铁，这需要多少钢铁呀！”

“不知这些钢铁是不是鞍钢炼出来的。”

“中国江河多的是，今后还要建多少这样的大桥，该需要多少这样的钢铁呀！”雷锋感慨道。站在大桥前，雷锋微笑着留下一张照片。

1958 年 11 月 13 日，雷锋在武汉长江大桥下留影

2019 年 10 月 19 日，雷锋在武汉长江大桥下留影 61 年后，“雷锋”又一次到了武汉，矗立在世界军人运动会场馆。这次是一尊铸铜雕塑《雷锋》，由全国政协常委、中国美术馆馆长吴为山创作。这尊雕塑展示的雷锋身背挎包，笑容满面，向我们走来——他在向人类传达着追求和平的善意，这就是军人的最高境界。

14日，火车到了北京，在这里转乘去鞍钢的火车，有几个小时的逗留时间。雷锋、易秀珍、张建文对工友们说："我们到天安门去留个影吧。"

雷锋站在天安门城楼前，先照了一张照片。后来看到一个青年骑着摩托车在照相，他也走过去，骑上摩托车留了个影。

1958年11月14日，雷锋在天安门城楼前留影

轰隆，轰隆，火车一路北上。11 月 15 日 12 点，终于到达鞍山站。鞍钢到了！雷锋挑着行李下了火车，看到那么多烟囱、炼钢炉，以及堆得像山一样的钢材后，非常激动。当天，厂里组织新工人到鞍钢化工总厂俱乐部学习，听了老工人孟泰和王崇伦的先进事迹。孟泰是全国劳动模范，王崇伦是全国先进工作者。雷锋对易秀珍说，一定要在工作中向孟泰、王崇伦学习，勤俭节约、艰苦奋斗，做一个“走在时间前面的人”，当一名鞍钢好工人。“我要像孟泰、王崇伦那样，当上劳动模范，去北京见毛主席。”

当时鞍钢的生产任务十分重，人手紧张。洗煤车间的推土机缺少一名推土机手，直接影响了推煤任务的完成，大家都很着急。工段长白明利听说最近从湖南招来一批年轻的新工人，就到车间找到主任于明谦，要求领导给挑选一个思想好、身体棒、有技术，马上就能够驾驶推土机的好青年。

没过几天，于明谦给他送来一位小青年，这位小青年就是雷锋。于明谦对白明利说：“这个年轻人在家乡是开拖拉机的，还是县里的先进人物，我特意给你们挑选的。”白明利一看，小青年个头小，身体单薄，多少有些犹豫。于明谦看出来了，对他说：“我已经和雷锋谈过话，人家来鞍钢是一心想当钢铁工人的。总厂考虑你们着急要人，他又在家乡开过拖拉机，点名让他来开推土机的。”白明利对于明谦说：“是这样，那我收也得收，不收也得收。我收下就是了，大不了当一回保姆。”雷锋在一旁听到后，觉得有些不顺耳，马上回答一句：“请领导放心吧！我才不会让你当保姆的。我在家乡开过拖拉机。”

他俩带着雷锋走出办公室，来到煤场上。白明利指着一台马力小一点的推土机对雷锋说：“我看这个德国生产的小型的推土机你开比较合适，比较般配。”当时，车间有两台推土机，另一台是苏联生产的大马力的C-80（斯大林80号）。雷锋出乎他意料地说：“我不开这个小型的德国的推土机，我要开那个大家伙。”于明谦不解地问：“为什么？”雷锋说：“那个大家伙马力大，效率高，干起活来能够出大力，贡献肯定多，所以我就想要开那个大家伙。”于明谦同意了。他指着C-80推土机说：“你先见一见它，今后你就和它打交道，然后再去见师傅，他姓李，叫李长义。那可是一个好老头。”

雷锋驾驶过的推土机

雷锋上下左右打量 C-80 一番，感觉这个大家伙比自己在团山湖开的推土机要高大好几倍。他登上驾驶室，那里长短不一的操作杆就有七八个。

李长义，鞍钢化工总厂洗煤车间推土机手，早晨一上班，就远远地看见推土机上有个人，他大喝一声："这是谁家的孩子？不去上学，跑这儿来淘气。"

"我是新来的学徒工，叫雷锋。我不是来淘气的。您就是李师傅吧？"

李长义一看，这个学徒工是个小个子，长着一张娃娃脸。

"这就是我的徒弟和助手吗？"李长义昨天才接到通知，知道这个徒弟叫雷锋，今天一见便直摇头。

"跟我学徒，我得把丑话说到前头。C-80 推土机是苏式重型机械，驾驶起来震动大，劳动强度大，技术复杂。冬天顶风冒雪在这露天煤场作业，是又脏、又冷、又累，手脚冻得像猫咬过似的，你这南方小鬼受得了吗？"

"放心吧，师傅，什么苦我都吃过。"

就这样，李长义收下了雷锋做徒弟。他们签订了为期一年的师徒包教保学合同。雷锋从那天起，每天都是早来晚走，只用了一个多月时间，就能独立驾车作业了。大家都说："这个南方小鬼还真行。"

雷锋过去在老家开拖拉机，每月拿 32 元钱，而在这里当学徒每月只有 20 元钱，整整少了 12 元钱。

李长义问他："你这个小鬼，不觉得吃亏吗？"

雷锋笑着说："吃亏？不，我不是为钱来的。"

"那你是为什么？"

"为了炼钢呀，为了1070呀！"他说的"1070"是1958年中央确定的全国钢铁的总产量。

东北的冬天风大雪大，能见度低。推土机在推煤时，雷锋总是跳下车来指挥，避免吊车运行不慎碰在推土机上。李长义坐在驾驶室都冻得浑身发抖，而雷锋在露天指挥，棉帽子的两只帽耳紧紧系在下颌下面，嘴里呼出的热气，在帽耳周围结成一圈白霜，漫天飞舞的煤粉夹杂着雪花飘落在他身上、脸上，整得他活像个黑脸小包公。李长义心疼地叫雷锋进屋去烤烤火，可是雷锋却很少进屋，他说："师傅，您去吧。我到车上坐坐就行了。"李长义心里明白，雷锋是担心推土机熄火以后，万一水箱或发动机冻了就麻烦了。李长义被雷锋深深地感动了，他对车间主任说："我开了半辈子推土机，前后带过不少徒弟，就数雷锋年纪小，可也数他学得快，学得好。"

一天中班，翻车机连着卸下几车皮煤，煤场上堆起了几座"大煤山"。李长义和雷锋驾车爬上一座煤山斜坡，要把坡上的煤推下来。谁知爬坡不过几米，发动机突然熄火，十多吨重的推土机斜躺在煤坡上，怎么也开不动，只好用吊车把推土机从坡上拖下来。推土机一下坡放平，再踩油门，发动机又响了起来。雷锋问："师傅，这是什么原因呢？"李长义告诉他："C–80快老掉牙了，早就有这个毛病，爬40

多度坡容易熄火。可今天爬的坡不过 30 多度，也趴了窝，今后爬坡推煤可就难了。”“推土机不能爬坡，这不是影响工作吗？”雷锋着急了。

雷锋研究了一夜，第二天上班，他拿着 C–80 推土机的说明书，对李长义说：“师傅，我找到原因了。推土机在坡度较大的地方作业，发动机超负荷运转，造成汽缸里进的油和空气比例失调，空气进得多，油进得少，发动机肯定要憋火的。”

“没错，就是这么一回事，你小子比师傅强。”李长义一拍大腿高兴地说。

他们当即改进了操作方法，推土机爬坡作业果然不熄火了。他们师徒俩，一鼓作气推平了半座煤山，把昨天爬坡熄火耽误的活儿全给补上了。在生产评比会上，雷锋受到了表扬。

1959 年，雷锋在东北过了第一个春节。

同来的湖南乡友都高高兴兴回家过年了，雷锋没有走，往日热闹的集体宿舍冷清下来。爆竹声不断传来，雷锋心里五味杂陈，爸爸、妈妈、哥哥、弟弟又浮现在眼前，眼泪不知不觉流了下来。

正在这时，传来了李长义的大嗓门：“雷锋，雷锋，到师傅家过年去。”李长义知道雷锋是个孤儿，他不能让徒弟感到孤单。

师傅来了，雷锋赶紧把泪水擦干净。他早就为师傅买了两瓶老白干，还给师傅的孩子准备了一个笔记本，本想大年初一去给师傅拜年，没想到师傅叫自己去他家里过年。雷锋心里一阵发热。

2 月 7 日，除夕夜。师傅给雷锋倒上酒，师母往雷锋盘子里夹菜，雷锋眼泪止不住地流了下来，他觉得他们就像自己的父母一样亲。师傅说："孩子，这就是你家。"师母又安慰道："你想吃啥，你就来家里。"孩子们也给雷锋盛饭，一家人其乐融融。接着，全家人一起动手包酸菜猪肉饺子。这是雷锋第一次在除夕夜吃饺子，特别香。

这事说来也挺有意思。我家五口人，老两口和三个孩子，加上雷锋六口。除夕晚上全家动手包饺子，雷锋不会包，大家也不让他包。可他非跟着凑热闹，争着抢着包了几个，全都七扭八歪不像个饺子样，逗得全家哈哈笑。他说湖南人过节不吃饺子，他包不好才想学一学。他见我老伴把一枚硬币包在饺子里，觉得奇怪："把钱包在饺子里干什么？"我老伴说："过年图个吉利，一会儿谁吃到这枚硬币谁就是有福人。"收音机里除夕钟声响起，我领着孩子在门外放了一通鞭炮，老伴把刚出锅的饺子一盘盘摆在炕桌上，还特意给我们师徒二人摆上一壶酒，大家便围坐一起吃起来。雷锋说他生来头一回吃饺子，觉得特别香。正说着话，我忽然吃到了那枚硬币，大家嘻嘻哈哈说我是个有福人。

"我是一家之主。我是有福人，全家都有福……"我高兴得又仰脖喝了一盅酒。老伴暗地里捅了我一下，意思是说当着徒弟面莫说这种话。我会意地说："雷锋不是外人，我说全家有福也有他。"

说笑之间，雷锋忽然也吃到了一个包着硬币的饺子。他吐出硬币看了看说："准是师母怕我没有福，多包了这一分钱是不是？"

"没的事，我就包了一个，"我老伴说，"你吃到的这个莫非是从天上掉下来的？"

"美的你！天上会给你掉下钱来？"我盯着三个孩子，"准是你们谁……"

小三噘着嘴说："是我包的，可我没有福，没吃到。"雷锋拉过小三的手，把一分钱硬币还给他说："我有福，你有福，我们全家都有福……"

——李长义讲述

跨入工人阶级队伍的雷锋，在师傅家过了一个幸福的除夕夜，他觉得工人阶级这个大家庭是这么的温暖！

东北过年，踩高跷、扭秧歌最热闹。车间组织了高跷演出队，雷锋是南方人，不会扭东北秧歌，李长义还是鼓动他上。雷锋还真有些文艺细胞，装扮成"小姑娘"，梳上假辫子，围上红头巾，穿上花衣服，踩着一尺多高的高跷，扭起来是真好看，群众都夸好。

李长义在很多年后回忆这事，深情地说："一个南方孩子到咱鞍钢，就想让他乐和乐和。雷锋当时还是个孩子，能够在平凡的工作岗位上，做出这样的工作和事迹来实在不一般。看上去，雷锋所做的都是一般的小事，似乎没有惊人之处，但实际做起来，确确实实不太容易。因此雷锋给我留下难忘的深刻印象。他永远活在我们的心中。”

由于师傅的严格要求和自身的勤学苦练，雷锋在入厂后不到四个月，便提前完成了原需一年的“师徒合同”项目，取得了安全操作允许证。证件黑皮烫金，小巧精致，上面印着“冶金工业部鞍山钢铁公司安全操作允许证”，证件编号 4819。

雷锋从小就有“做个好工人”的梦想，为了实现这个梦想，他不远千里奔赴鞍钢。在这里，他留下了激情澎湃的壮志诗文——

汽笛，对着初升的朝阳，
情不自禁地高声歌唱，
迎接英姿焕发的工人走进工厂。
啊，钢铁的心脏——鞍钢，
为了祖国的工业化，
你永远不知疲倦地繁忙。
你那高大的厂房，
建筑在数十里的土地上。
红彤彤的铁流，
像滚滚的长江水一样，
昼夜不停地奔忙。
如果谁要是在远处瞭望，
就能看到鞍钢全部的景象：

从森林般的大烟囱里，

吐出一股股黑黑的浓烟；

……

——雷锋《可爱的工厂》

鞍钢，是大工业的家园。工人阶级的国家主人意识、集体协作精神和严密的组织纪律性，使雷锋在激情中多了一些理性的思考，思想的火花不断迸发。被称为雷锋精神重要载体的《雷锋日记》，很多篇都是他在鞍钢工作时写的。

一九五八年入厂的时候，我只是一个抱着感恩的思想埋头苦干的工人，在生产上只能做到完成自己的任务和达到每天的定额。

由于党的教育，我懂得了这个道理：一朵鲜花打扮不出美丽的春天，一个人先进总是单枪匹马，众人先进才能移山填海。

——《雷锋日记》1959 年 10 月 × 日

青春啊！永远是美好的。可是真正的青春，只属于这些永远力争上游的人，永远忘我劳动的人，永远谦虚的人。

一滴水，只有放进大海里，才永远不会干涸；一个人，只有当他把自己和集体事业融合在一起的时候才能最有力量。

——《雷锋日记》1959 年 10 月 25 日

向市劳动模范张秀云学习。首先学习她高度的主人翁责任感，对党对社会主义建设事业的赤胆忠心；学习张秀云同志积极主动、帮助别人、大公无私、舍己为人的共产主义思想和团结群众的优良作风；学习她坚持向群众学习、不断充实自己、谦逊好学的精神。

——《雷锋日记》1959 年 11 月 2 日

不久，鞍钢决定在辽阳弓长岭铁矿建一座年产 30 万吨焦炭的焦化厂，需要从化工总厂调一批技术骨干和青年工人。焦化厂的建设工地在安平人民公社姑嫂城生产大队的大峪山脚下，是刚刚从农民手里征用的土地，炼焦炉等设施刚打基础。工人住的是动迁时遗留下来的土民房，破旧不堪，四处透风，连女同志睡的都是大通铺。食堂是临时搭建的大席棚，吃水要到几里外的姑嫂城去挑，建设工地环境异常艰苦，很多工人不愿调到这个新厂工作。雷锋知道后再三要求支援弓长岭建设，后来他终于被调到弓长岭矿山附近新建的焦化厂工地工作，参加了青年突击队。

昔日的弓长岭，写满了血泪仇。日伪统治时期，日本人逼矿工下井送死，甚至把活人扔进“万人坑”。焦化厂组织青年工人到弓长岭三道沟参观，当听到老矿工讲述苦难的历史时，雷锋气得举起拳头高呼：“打倒日本帝国主义！牢记矿山死难矿工的血泪仇！记住过去，就懂得了今天的责任。把焦化厂尽快建成投产，把社会主义新中国建设好，这样的历史才不会重演。”

10 月底的东北，早晨已结薄冰。正在修建的工人简易宿舍，墙体分为内外两层，内层是用泥垛成的，外层是用砖砌成的。这样的房子既保暖又省钱，可和泥时土与泥黏性太小，土墙垛不住，砖墙砌不牢。雷锋是在农村长大的，他借鉴农民用泥和干草砌内墙、用沙子和泥砌外墙的办法解决了这个问题。以前，6 个人和泥供不上 10 个泥瓦匠的需要，用这样的方法 3 个人和泥就可以供上 10 个泥瓦匠所需的用泥，而且还有多余的时间去帮助瓦匠运砖。泥坑结了冰碴，在上面用镐头已经和不开了，雷锋就穿着靴子进去踩，谁知靴子一踩进去就拔不出来，没办法，他光着脚和起泥来。有带头的，就有冲上来的，不少青年突击队员也脱下鞋子踩到泥坑和泥，工程进度大大加快。

雷锋是个肯动脑筋的人，他发现墙越砌越高，运泥越来越困难，就想出了一个土办法，和工友们在工地上架起土吊车——“横杆吊斗”。经过试验，这个办法完全适用。他还革新了滑车和独轮车等生产设施，使工作效率提高，加快了施工进度，被焦化厂评为“技术革新标兵”。

参加焦化厂建设的工人有 1000 人，炊事班成员只有 30 多人，忙不过来，雷锋一有时间就去食堂帮干零活，还常给食堂挑水。

一天深夜，突然电闪雷鸣，下起了大雨。停放在货场的列车上还有没卸完的 7000 多袋水泥，调度员急得团团转。当时，雷锋正在调度室里看书，听说有紧急情况就跑回住处喊人。情急之下，他把自己的被子也抱出来盖在水泥上了。在他的带动下，20 多个小伙子用雨布、芦席把水泥盖了起来，减少了焦化厂的损失。雷锋和工友抢救水泥的事迹被刊登在报纸上。

中午十二点，我刚从车间开完会回到宿舍，一进门就被大家围住了……小王拿着一张报纸跑到我跟前说：“雷锋同志，你看，你上次在雨夜抢救水泥，登了共青团员报了！”当时，我也和大家同样感到高兴。这对我和大家来说，是一个多大的鼓舞啊！我这么一点点贡献，比起党对我的要求和希望还是做得很不够的，但是我有决心忘我地劳动，赤胆忠心，不骄不傲地乘胜前进。多为党做一些工作，这就是我感到最光荣的。

——《雷锋日记》1959 年 11 月 26 日

雷锋在鞍钢化工总厂只工作了九个月零五天，但是他工作积极、乐于助人，和工友们结下了深厚情谊。

在焦化厂建设中，有的女工友舍不得买四五角钱一盘的炒菜吃，导致营养不良，出现了浮肿。雷锋知道后，托人买了一升黄豆炒熟了，送到女工友宿舍。由于生活困难，工人中出现营养不良、浮肿、夜盲症、便秘等病。矿山医院组成医疗队，凡有病的进行登记，发放有关药品和大豆等营养品，雷锋腿上呈现二度浮肿，当发给他两瓶肉罐头时，他推辞了，让给了浮肿比他严重的同志。

张建文到鞍钢不久，家里来信说母亲病重。张建文心里着急，但没有积蓄，也就没有给家里寄钱。一个月后，他爱人来信说："你寄回家的20元钱收到了。"张建文很惊讶，自己明明没有寄钱回去，这20元钱哪里来的呢？他问了半天才打听出来，原来是雷锋听说他母亲病重，以张建文的名义给他家里寄了20元钱。工人刘大兴母亲生病，需要50元钱看病，但他当时只有20元。雷锋得知后，当即拿出30元，拉他一道去邮局给刘母寄去。炼焦工人王大修不慎将当月工资、粮票和饭票全丢了。雷锋发动工友们给他凑钱买饭票，雷锋带头捐出10元钱和8斤粮票。工人邹本国感冒发烧，雷锋连夜背他到医院看病。邹本国住院7天，雷锋常去看望，并给他带去水果和病号饭。

雷锋在鞍钢开推土机时，车间主任给了他一个任务，要他带三个学员。雷锋想：自己的技术不高，又怎能教好学员呢？可是，这是党给的任务，就要坚决完成。在驾驶和学习机器构造原理时，雷锋和学员一起研究，不懂就去请教其他师傅，而后再告诉学员。这些学员只用四个月就学会了开推土机。

雷锋包教保学的徒弟小张文化水平低，学东西慢，雷锋除了工作时边操作边教他外，还利用工间休息时间，指着机器上的零件，详细地给小张讲解机器原理。不久，小张就能独立驾驶推土机了。

和小张同来的女工周玉凤年纪小，负责教她的赵师傅不太乐意教她。雷锋知道以后劝她："赵师傅经验丰富，不爱多说话，可他爱的是实干家，只要你抢着去干活，主动去钻技术，时间长了他会喜欢你的。”雷锋还关心地问她家里有什么人，怎么来当工人的。周玉凤也是苦出身，她噙着眼泪诉说母亲在旧社会几次被人买来卖去，腰被折磨弯了，满口的牙齿被打掉了……雷锋气愤地伸出手，指着手背上的刀疤对周玉凤说：“这是被狗地主婆砍伤的……”雷锋说：“咱们的救命恩人是毛主席，是共产党，咱们永远不能忘记过去，要好好工作报答党的恩情。”在雷锋的帮助下，周玉凤学习更加积极主动，赵师傅也逐渐改变了对她的态度，师徒关系密切了，不到半年周玉凤就出师了。

学员毕业后，工厂要给雷锋 36 元带学员的师傅钱，他说啥也不要。“我学的技术是党培养的，今天教给别人是应该的。”雷锋说。

经历过黑暗的人，最渴望阳光的温暖，新中国是一个旭日东升的新社会，雷锋要当一个捧着阳光送温暖的使者。

他去鞍山参会途中，在辽阳火车站换车，发现有一位抱着小孩的大嫂把火车票弄丢了。他用自己的钱买了一张票，跑到大嫂身边，将火车票交给大嫂。大嫂一再表示感谢，问他叫什么名字，他一边走一边说“我是鞍钢工人”。

焦化厂工地附近的姑嫂城有一位牧羊老汉叫吕长太。他在旧社会受尽了苦难，新中国成立后，由于家里人口多，生活还是很困难。一天，雷锋遇到了这位老人，看他穿着破烂单薄的棉袄，腰上用绳子绑着，立刻脱下自己的棉衣，给老人穿上。几天之后的一个中午，雷锋在理发店里排队理发，进来了一个小朋友，坐下后又站起来前前后后地走。雷锋问:“小朋友,你是着急吗?”“嗯,我等着上学呢,怕理完发赶不上趟了。”雷锋说:“小朋友,那你先理吧,可别耽误上学。”雷锋把自己的号让给了这个小朋友,还替他付了理发的两角钱。这位小朋友叫吕学广,就是吕长太的儿子。他回家后把这件事告诉父亲。吕长太说:“那你把他领到咱家来感谢一下,顺便把钱还给他。”

当雷锋来到吕家时,吕长太一看,这不就是送给自己衣服的人嘛,心里更是感激。他得知雷锋是个孤儿,就收雷锋当自己的义子,吕学广也成为雷锋的义弟。

在鞍钢工作期间,雷锋 18 次被评为“节约标兵”,5 次被评为“红旗手”,3 次荣获“先进生产者”称号。

1959 年 10 月,雷锋被评为“先进生产者”

1959 年 9 月，在鞍钢授奖大会上，雷锋在热烈的掌声中走上主席台，他说：“我这样一个孤苦伶仃的穷孩子，今天能够参加这样光荣的大会，心中感到十分光荣，万分感谢党对我的教育和培养。我的一切都是党给我的。光荣应该归于培养教育我成长的党，应该归于热情帮助我进步的同志们。我懂得一朵花打扮不出春天来，只有百花齐放才能春色满园的道理。”

12 月 7 日，弓长岭矿召开先进生产者、红旗手以及工段以上的干部大会。雷锋作为矿山先进生产者出席，并被选为大会主席团成员，坐上了主席台。他在日记中这样描绘自己的心情：“像我这样一个放猪流浪出身的穷孩子，今天能参加这样的大会，同时还把我选为主席团的成员，我是党的，光荣应该归功于党，归功于热情帮助我进步的同志们。”

在鞍钢的这 14 个月里，工人雷锋身上闪烁的爱国主义、集体主义、无私奉献、艰苦奋斗、锐意进取，以及螺丝钉精神的思想火花，成为鞍钢宝贵的精神财富，也为雷锋精神的培育发展积淀着能量！这些日记、谈话，记载了雷锋思想发展轨迹——

不经风雨，长不成大树；不受百炼，难以成钢。……有理想、有出息的青年人必定是乐于吃苦的人。

——雷锋文稿

来到鞍钢成了工人阶级的一员。工作艰苦些，生活不习惯，这算得了什么？咬咬牙就过去了。在这里，你配煤，我推煤，这可都是为了炼钢啊！

“钢铁是怎样炼成的？”就是我们这些人炼成的。

——1958 年，与张月棋对话

我能够给人民做一点点事，那是我的最大心愿，这一点不是我的光荣，而是党的光荣啊！我是党的儿子，党叫我这样做的。

——1959 年，与李钦荣对话

我们在建设焦化厂当中，住不好、吃不好和工作环境不好等，这些困难都是暂时的、局部的、可以克服的。只要我们有叫高山低头、河水让路的气概，是没有战胜不了的困难的。

——《雷锋日记》1959 年 11 月 × 日

一个革命者，当他一进入革命者行列的时候，首先要确立坚定不移的革命人生观。树立这样的人生观，就必须注意培养自己的思想道德品质，处处为党的利益、为人民的利益着想，具有大公无私、舍己为人的风格。要能够为党的利益、为集体的利益不惜牺牲自己的利益。否则就是个人主义者……

——《雷锋日记》1959 年 12 月 8 日

一个人出生在世界上以后，除了早夭的以外，总要活上几十年。每个人从成年一直到停止呼吸的几十年的生活，就构成各人自己的历史。至于各人自己的历史画面上所涂的颜色是白的、灰的、粉红的或者鲜红的，虽然客观因素起一定作用，但主观因素起决定性的作用。每个人每时每刻都在写自己的历史，每个共产党员和共青团员都应该好好地想一想，怎样来写自己的历史。每个共产党员和共青团员时时刻刻都要以马克思列宁主义、毛泽东思想来做自己思想行动的指导，真正做到言行一致。我要永远保持自己历史鲜红的颜色。

——《雷锋日记》1959 年 12 月 20 日

5. 穿上新军装

雷锋，不是一夜开成的鲜花。雷锋这个好苗子是怎么到了部队？是谁选中了他？

现在，大家都知道余新元是“送雷锋当兵的人”，而他为何送雷锋当兵以及他和雷锋的情感，许多人是不知道的。其实，力主把雷锋带到部队的是一个群体，他们每个人都有一段生动的故事。

2012 年 8 月，我在余新元家中采访，问清楚了这段奇缘，感动得直掉眼泪。后来我在几百场讲座中，都讲这个故事，听众同我一起落泪。

故事要从 1959 年说起。那一年发生了特大自然灾害。灾害波及 18 个省份，南方涝灾，粮食泡在地里收不起来；北方旱灾，有的地方 8 个月没下一滴雨，颗粒无收。面临这个严峻局面，全国人民最需要的是与党同心同德，共渡难关，同时又要备战应危，保卫新生的共和国。所以，这一年夏季征了兵，冬季又下征兵令。国务院、中央军委的征兵令一层层下达，到了辽阳兵役局。时任副政委的余新元提议，要面向鞍钢这样的大企业，招收一批新中国的年轻工人到部队，他们觉悟高、思想好、守纪律。

征兵令下达到鞍钢焦化厂，工厂李书记给全厂工人作了动员。雷锋很兴奋，他从小就盼望当兵，现在终于等到机会了。听完李书记的动员以后，雷锋激动得睡不着，晚上十点钟从床上爬起来，敲响了李书记的门，表示想要去当兵。李书记对雷锋的热情表示认可，同时提醒他快快回去休息，注意身体。雷锋回去后，书记拿起电话就打给保卫科：“你们想办法把这个小雷留在工厂。话不多说。”保卫科长一听便明白。可雷锋不知道啊，回去还是睡不着觉，连夜写了决心书《我决心应召》，后来刊登在《弓长岭报》上。

弓長嶺報

党委召开社会主义教育现场会議

大干今冬明春坚决实现无盲矿

——我矿召开扫盲工作会議——

我决心应召

响应征召 涌跃报名

焦化車間召开动员大会

连干三班完成架线任务

雷锋《我决心应召》在《弓长岭报》上发表

1959 年 12 月 3 日那一天，全厂召开了一个职工大会，李书记在会上向我们作了关于 1959 年征兵的报告。我听了这个报告感到非常高兴，当天晚上我怎么也睡不着觉。半夜的时候，我从床上起来，跑到车间办公室，拉住李书记，和他讲："李书记呀，我能不能入伍呀？"当时他就跟我讲："像你这样身强力壮的年轻小伙子，当人民解放军当然可以了。"我听他这么一讲，非常高兴。这时李书记"哎呀"了一声说："小雷呀！下这么大雪，你不冷呀，怎么不穿棉衣？"当时我一看，自己只穿了一套单衣，这时我才觉得有点冷。李书记就把自己的棉大衣披在我身上。我回到宿舍以后，还是不想睡觉，我在桌子旁写了入伍申请书和决心书。

——整理自雷锋 1960 年报告录音

第二天一早，雷锋就赶到征兵集合地上车，保卫科的同志不让他上车，说："小雷啊，我们目测了，你这个头不够高啊，你回去吧。"车开动了，雷锋就在下面追着跑。车又停下来，让他上了车。到了辽阳征兵站，先量身高，雷锋挺直身子往那里一站，"154 公分，差两公分。"医生说。又称体重，"96 斤，差 4 斤，"医生又说道，"这可都是体检最低标准。"雷锋急了，使劲在秤座上踩了踩，说："医生，我早上没吃饭。"医生"扑哧"一声笑了："小伙子，你再能吃，一顿也吃不了四五斤。"一连两关，雷锋都不合格。在外科体检时，雷锋后背露出很大一块伤疤，一个体检人员小声说："这小孩淘气，是小时候上树掏鸟窝掉下来摔的吧。”雷锋一下子坐起来：“这是旧社会给我留下的疤，我就是不想再留伤疤了，我才要参加解放军！”雷锋的声音有点高，很动情。医生似乎也听出了什么，连忙劝说：“小伙子，你觉悟很高，不过，当兵是有严格身体条件要求的，你还是好好当工人吧。”

雷锋当兵又没戏了，他心里不服啊。苦难的孤儿雷锋从九岁就要求当兵，整整等了十年，怎么甘心就这么被淘汰？

傍晚，体检站要关门了，他不愿意走开。这时候，远远看见过来一个高个子解放军，一个女护士悄悄告诉他：“小同志，我看你当兵热情这么高，你跟他说说。”

雷锋跑过去就问：“请问你是负责征兵的首长吗？”也该是苍天不负有心人，这个军官就是兵役局的副政委余新元。雷锋说：“首长，我要当兵。”余新元说：“那好啊，体检了吗？”雷锋回答：“他们说我个子小，不够格。可我还不到 20 岁，不是说 22 还蹿一蹿嘛！”说着，雷锋还跳一跳，余新元乐了，一按他的脑袋，说：“小同志啊，蹿一蹿你也不够啊，革命工作不分前后，好好当工人吧。”余新元摆摆手：“走吧，走吧。”雷锋当时就呛上一句：“首长你说得不对，革命工作不分前后，为什么还动员上前方？我明天还来，我一定要当兵！”

第二天一早，雷锋果真来了，手里还提了一个棕色的小皮箱。从工厂到兵役局有几十里地远，但雷锋赶在余新元上班前来到他办公室门口等他。余新元前脚进屋，雷锋后脚就跟了进来。他把小皮箱往余新元桌上一放：“首长，你让我当兵，我要去。你不让我当兵，我也坚决要去！”余新元心里说，你这个小孩还讹人呢！他朝雷锋瞪了一眼，离开了办公室。

雷锋也走了，直接到了兵役局体检站就找活干上了，用现在的话说就是当义工了。他帮着体检站生火炉子，提开水，打扫卫生，遇到打听体检项目的他就给带路，忙出一头汗。有一次，他听到一个人说：“当啥子兵啊？我现在一个月拿几十块钱，当个兵才拿几块钱，我傻了？”雷锋就走到他旁边对他说：“话不能这么说，咱们当兵是为了保卫祖国。”雷锋讲话的时候，挥着个小拳头，吸引了不少人围着看。沈阳军区工兵十团军务参谋戴明章奉命在辽阳接新兵，就问道：“这是谁呀，会做思想工作。”一个青年人手一指：“听体检站医生说，他个子矮被淘汰了，真可惜。”

快吃中午饭了，余新元回到办公室，一看桌子上还放着小皮箱，知道这个小个子工人还没走。那时是供给制，兵役局又没有食堂，这个小伙子到哪去吃饭？面对这个倔强的年轻人，余新元产生了兴趣，他猜雷锋一定在体检站，就找到这里。余新元说：“小伙子你还没走啊？”雷锋回答：“我不走了。”余新元说：“那你去哪儿？”雷锋说：“你去哪儿我就去哪儿。”这一句回答把余新元逗笑了。

余新元在前面走，雷锋在后面跟，又回到了余新元的办公室。看着桌子上的小皮箱，余新元逗他：“你这宝贝疙瘩里面有什么金银财宝？打开给我看看。”雷锋也不好意思地笑了：“这是我要带到部队的。”皮箱打开了，最上面放着《毛泽东选集》1 至 3 卷，下面是一件皮夹克和一条料子裤。余新元看到《毛泽东选集》，眼睛一亮：那个年代只有县团级干部才能看上毛主席著作，他怎么会有！是做样子吗？余新元把书拿起来翻了一遍，发现这小年轻了不得，他把《为人民服务》《纪念白求恩》《矛盾论》《实践论》等都看完了，很多地方还写着眉批。“罕见，罕见！”余新元不由得产生了惜才之心，甚至对眼前这个小个子有了点敬意。

余新元把雷锋带到家里吃午饭。面对眼前这个小个子工人，他生出了好奇心。他本想在雷锋吃过饭后好好同他聊聊，但又忍不住，就随口问：“雷锋啊，我看你参军决心这么大，你跟你爹妈商量没有？”雷锋放下饭碗，低着个脑袋，眼泪淌了出来：“首长，我没有家，我是个孤儿。”

雷锋向余新元诉说了他的血泪家史。他攥着拳头，坚定地说：“余政委，我一定要当兵。”雷锋在流泪，余新元和他的爱人田儒文也泪流满面。

余新元本不姓余，姓吕。在那个苦难的年代，他也有类似的经历。他老家在甘肃静宁，有三个妹妹，因为家里穷养活不起，两个妹妹活活饿死，一个妹妹送了人。他的母亲，为了不被土匪抓走，跳井自尽。捞上来后，两条腿骨插到了胸腔，惨不忍睹。他 12 岁就给地主放羊，受尽了欺压。

1936 年 10 月，余新元亲眼见到了红军，他看到这支队伍对穷人好，就赶着羊悄悄地跟着。有一天，他听到红军队伍里有人说：“红军是穷人的队伍，要想不受压迫就到红军来。”他听了很解气，强烈要求加入。事情过了几十年，余新元还清楚地记着当时的情景。

余新元听到“穷人的队伍”就问一个小战士：“我也要参加红军，行不行？”那个战士看他一眼，说：“你能行吗？当红军要不怕苦。”他说：“我能行，不怕苦。”这个战士就把他们团政委找来。政委问了他的情况，说红军是为穷人打天下，要不怕苦不怕死，你要能做到就跟我们走。他说：“能做到。”临走时，政委问他：“地主知道你在这里放羊吗？”他说：“不知道。”“你家里还有谁？”他说：“就剩我爹一个了。”政委说：“给你改个姓，你不姓吕改姓余，这样地主就找不到你家，你爹就不怕报复了。”

看到眼前这个小个子和自己一样有着苦难的童年，余新元想到了自己的成长。他戎马一生，大小仗打过500多次，浑身是伤。1939年，在黄土岭战斗中，他的左腿从小腿到大腿根，好几处肉都被日本鬼子打飞了，左腿上被日本鬼子的机枪打了个贯穿洞。他疼得昏了过去，被战友们抬到八路军救护所。为了防止感染，医生准备做截肢手术。这时，一位蓝眼睛高鼻子的大夫急忙走过来，给他检查了一遍，心疼地说：“才16岁，要是少了一条腿，他将来可怎么办啊！”这个人是谁？就是万里迢迢来到中国参加反法西斯战争的白求恩。

白求恩大夫亲自为我做手术。那时，前线哪有麻药和消毒用品啊！白求恩大夫就把捣碎的蒜末摊在黄纱布上，然后用镊子将黄纱布从我左腿的里侧捅进去，一直捅到外侧进行消毒，黄纱布在骨头缝中来回拉锯，“滋滋”响，我咬牙硬撑，疼得浑身冒汗。

——余新元回忆

在医疗用品奇缺的八路军中，白求恩大夫用土办法救了余新元的命。他的腿 1 个月就消肿了，半年后伤口就基本愈合了，他又拿起枪重新投入抗日前线。“白求恩是我的救命恩人，我多想到白求恩的家乡，给他的家人敬个礼，表达一个中国老兵对白求恩大夫一辈子的敬意。”1941 年，在狼牙山反“扫荡”战斗中，日本鬼子的子弹从他左前胸进去，右后肩穿出。老乡王义珍老妈妈把他抱到家，精心护理 7 个半月，才把他救了过来。

余新元从雷锋身上看到了当年的自己，他认准了这一定是个好兵，决定帮助雷锋实现当兵的梦想。就这样，雷锋留在接兵办当了义务通信员。

“雷锋这一来啊，好事做得就别提了，”余新元说，“每天早上，他把各办公室的炉子都生上，把水烧开了给大家灌上……那年，兵役局发的军装都是志愿军的旧军装，每 100 套给 30 套的预备数，雷锋就帮着管服装的干事改衣服、接（长）衣服。兵役局的干部们被感动了，都催我：‘政委，把雷锋送到部队吧。’”

为此，余新元专门向辽阳市委书记曹琦讲了雷锋的情况。曹书记听后明确表态：“雷锋是一个好青年。什么叫合格？我理解，合格是包括身体合格、政治合格在内的全面合格。”有了市委书记的支持，余新元又找接兵单位和体检站的负责同志商量。余新元说：“我们的职责就是要把好青年送到部队上去，像雷锋这样的好工人，对党有感情，热爱解放军，当农民是个好农民，当工人是个好工人，将来要是到了部队也一定是个好兵。”

在体检站会议上，余新元刚讲完这番话，一位主任医生站起来就放了一炮：“余政委，你是不是叫我们开后门？”余新元回答说：“就是中央军委来检查，我也是这个态度，出了问题撤我的职，与你们无关。”会场一时气氛紧张，还是戴明章出面打破僵局。他说：“雷锋同志很优秀，如果他只是身高体重差一点，我们同意接收。青年人正是长身体的时候，到部队后锻炼锻炼，很快就会发育成熟的。”就这样，体检站在雷锋的体格检查表上写了“水兵合格”四个字，把雷锋编到了预备队里。

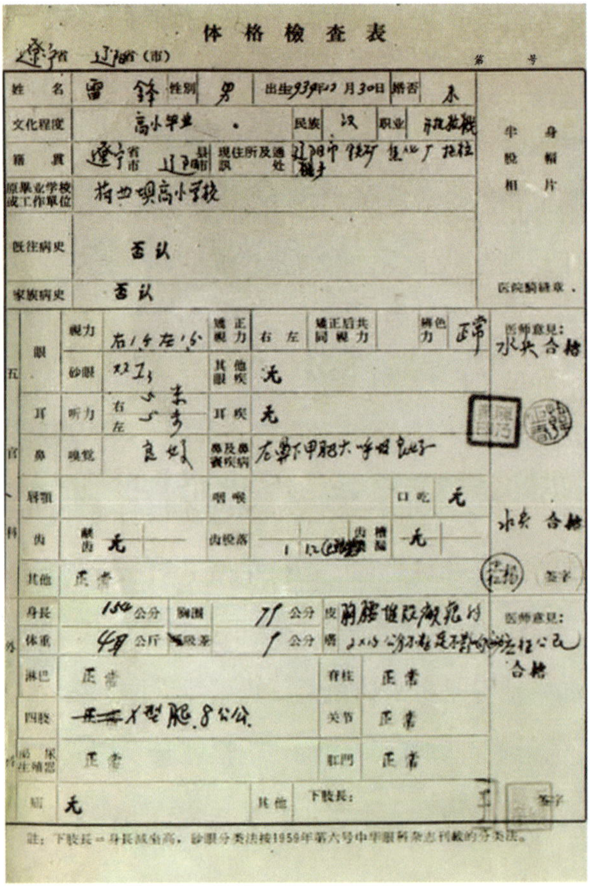

体格检查表

辽宁省 辽阳县（市） 第 号

姓名	雷锋	性别	男	出生 1939年12月30日	婚否	未		半身脱帽相片
文化程度	高小毕业			民族	汉	职业	推土机	
籍贯	辽宁省 辽阳县			现住所及通讯处	辽阳市			
原毕业学校或工作单位	荷叶坝高小学校							
既往病史	否认							
家族病史	否认							医院骑缝章

眼	视力	右1.5 左1.5	矫正视力	右 左	矫正后共同视力	辨色力 正常
	砂眼	双I3	其他眼疾	无		
耳	听力	右 5 米；左 5 米	耳疾	无		
鼻	嗅觉	良好	鼻及鼻窦疾病			
唇颚			咽喉		口吃	无
齿	缺齿	无	齿咬系		齿槽脓漏	无
其他	正常					

医师意见：五官合格

身长	154 公分	胸围	71 公分	皮肤	
体重	49 公斤	呼吸差	1 公分		
淋巴	正常			脊柱	正常
四肢				关节	正常
泌尿生殖器	正常			肛门	正常
疝	无	其他	下肢长：		

医师意见：合格

签字

注：下肢长＝身长减坐高，砂眼分类法按1959年第六号中华眼科杂志刊载的分类法。

雷锋入伍时的体格检查表

1960 年 1 月 2 日，新兵集中在一所学校里复查培训。余新元带着雷锋找到了戴明章："戴参谋啊，新兵要集中了，你们就把雷锋带上吧，给你们当个便衣通信员，你们还可以继续考察嘛。"戴参谋便安排雷锋和他们睡在一起。早晨天不亮，雷锋就起床打扫营地，传来"唰唰"的扫地声，等接兵干部出操回来，雷锋已经在他们床前的洗脸盆、刷牙缸里面倒上了温开水。荆营长说：“这个雷锋真有眼力见儿，是个好通信员。”雷锋连忙说：“你们带我到部队，我什么苦都能吃。”荆营长瞪了雷锋一眼：“我们不带你走怎么办？”雷锋说：“你们不带，我就跟着你们走也要走到部队，当个不穿军装的兵。”有一天晚上，新兵集中看电影《三个母亲》。这是一部反映孤儿在党的关心下成长的故事片。当看到电影里苦孩子的不幸遭遇时，雷锋泪流满面，捂着脸抽泣，引得几个干部一阵阵心酸。第二天，李教导员对营长说：“我理解雷锋坚决要求参军的决心了，这孩子当兵一定是个好兵，不带走实在是有点可惜。”李教导员还说：“我们有点误解雷锋了，他不是倔。他是没有忘记过去的苦，他立志要保卫祖国。”

此时，支持雷锋当兵已不是余新元等一两个人的想法，而成为接兵干部的共同心愿。1 月 7 日晚，新兵都发了新军装，天一亮就要启程了，但是雷锋还没有被正式批准参军。余新元也着急了：“戴参谋，明天你们就要走了，雷锋你们带走还是不带走，你给个准话。带走，他肯定是个好兵；不带走，我们也好做思想工作。”接兵干部也七嘴八舌地劝戴明章。

“参谋不带长，放屁也不响。”戴明章无奈地回了一句。他的本意是把雷锋带走，可是鞍钢这边又出了岔子，他们不提供雷锋的政审证明，理由是雷锋档案不在工厂，让接兵干部到雷锋家乡湖南望城去取。那时交通不发达，从东北到湖南，来回要一个星期，时间来不及了。再说，雷锋档案未必真在湖南，因为那个年代，能被招工到被称为“国家脊梁”的大鞍钢，政审相当严格，鞍钢不可能不保留档案。

后来，戴明章在新兵集训期间又专程到鞍钢去了一趟，弓长岭焦化厂的李书记才把雷锋的档案交给了部队。原来，雷锋是鞍钢的“明星”，18 次当选工厂标兵，李书记实在不舍得放他走……

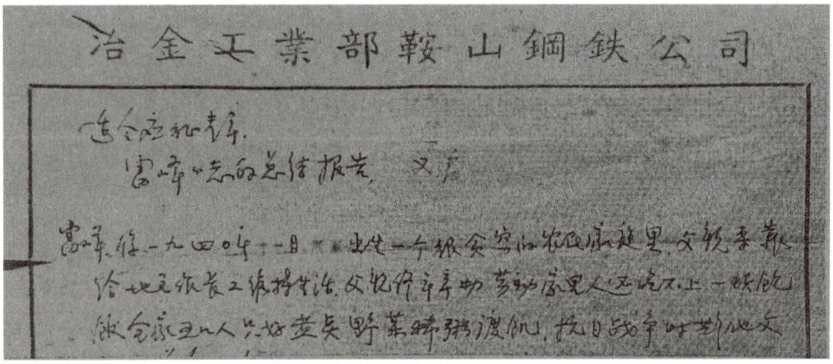
冶金工業部鞍山鋼鉄公司

雷锋入伍政审材料

姜还是老的辣，余新元啥场面没见过？他笑眯眯地说：“哎，你给团长打电话请示嘛，保准行！落下这个好兵，你可别后悔。”余新元这句话启发了戴明章，他就跑到地方邮局给团长吴海山打了个长途电话。戴明章详详细细讲了几十分钟，团长一听就明白了，打过仗的人看见好兵眼睛就闪光，他应一句：“一切由你这个军务参谋看着办好了！”戴明章也是一个打过仗的好参谋，他不会看走眼，吴团长信任他。放下电话，戴明章一路跑步赶回新兵集训地，兴奋地说：“团长授权给我了，给雷锋发军装。”终于在上车前 8 小时，也就是当天夜半时分，雷锋穿上了新军装。雷锋对着小镜子又唱又跳，好像他是天下最幸福的人。

入伍通知书

同志：

你以实际行动，积极地响应祖国征召，担负起保卫祖国的神圣职责，这是非常光荣的。现经　　市人民武装委员会审查认为你适合服兵役的条件，特此祝贺。望你接到通知后即准备入伍，并於一月二日到　　集中。

人民武装部

年　月　日

雷锋入伍通知书

雷锋到部队后，写下了一首诗，表达参军的激动心情：

小青年实现了美丽的理想，
第一次穿上庄严的军装，
急着对照镜子，心窝里飞出了金凤凰。
党分配他驾驶汽车，
每日就聚精会神坚守在车旁，
将机器擦得像闪光的明镜，
爱护它像爱护自己的眼睛一样。

1960年春节，雷锋在照相馆留影

1960年1月8日，辽阳火车站万人送新兵。余新元的老伴老田特意按照当地的习俗，给雷锋煮了20个红鸡蛋，那一年，雷锋20岁。她还给雷锋买了一些生活用品，摸着雷锋的头说："到了部队要好好学习，要依靠首长和战友，好好锻炼，做一个好战士。你体质不好，要注意爱护身体……"送行的人有的问老田："这是你什么人？"老田答道："这是我儿子。"雷锋的眼泪一下子涌了出来。

离别时，雷锋不像过去那样叫"余政委"了，他表情腼腆，脸蛋儿憋得通红，说："余叔，我要走了，也没什么送你的，我就叫你一声'爸爸'吧。"他还说："田阿姨，我叫你一声'妈妈'吧。"余新元当即打断雷锋的话，严厉地说："别，这样不好。你这样叫是不对的。送你当兵，是你热爱党，热爱解放军。你学习毛主席著作，你一定能成为一个好兵！"

余新元何尝不理解雷锋的心情，这个苦难的孤儿，是在党和人民的怀抱里获得新生的，他知恩图报，对帮助他的长辈无以为报，发自心底地想叫一声"爸爸"。但是，余新元决不应允。在他眼里，自打跟着毛主席当红军那天起，他就是人民的儿子，为人民打天下，人民永远是父母。

雷锋离开辽阳两年八个月后，不幸因公殉职。余新元从报纸上看到雷锋牺牲的消息，对老伴说："不好了，咱的儿子走了。"两人相视而泣，抱头痛哭……"咱的儿子"，一位领导干部发自肺腑的一句话，表达了对雷锋的大情大义。

我还要告诉大家，一次采访中，当我向余老赠书，并称他是"雷锋的伯乐"时，也受到了批评。"你这样说是不对的。"余新元表情严肃。他反复强调雷锋是党和人民培养的，他只尽到了自己应尽的责任。坚持送雷锋当兵说没有风险也是假的，雷锋个子矮，身体条件相对薄弱，如果到了部队不能成为一名合格的士兵，那征兵干部是有责任的。但是党交给你这份重担，你就要为党尽职责，为人民军队挑好兵。看中了这个人才，就要做好准备担这份风险，共产党人价值观的天平，永远都要向党和人民的利益倾斜。

雷锋的事迹是感人的，余新元帮助雷锋的故事，也非常感人。同样还是这个老红军余新元，在送雷锋当兵17年之后又发现了一个好兵，他的名字叫郭明义。郭明义的父亲郭洪俊是一位劳模，曾在寒冷的冬天抢救落井的儿童。1977年1月，品学兼优的郭明义报名参军，在最后的关口被卡住了。郭明义的父亲情急之中找到时任鞍山军分区副政委的余新元。余新元了解情况后出面协调，他说："郭明义是工人阶级的后代，自身很优秀，他要去当兵，我们应该支持。"在新兵入伍出发仪式上，郭明义代表全体新兵发言："我们是鞍钢人的后代，一定要为工人阶级争气，像雷锋那样做毛主席的好战士！"郭明义入伍来到了沈阳军区某部。这是一支英雄的部队，出了一位学雷锋的英雄刘英俊。1966年3月15日早晨，刘英俊和战友驾着马拉炮车外出训练，在佳木斯公共汽车站附近，马突然被汽车喇叭声所惊，拉着炮车冲向人群，千钧一发之际，刘英俊不顾自己生命危险，奋勇拦惊马救儿童，自己却被压在翻倒的车下英勇牺牲。战友们在整理刘英俊遗物时，发现他的日记里留下这样的话："雷锋啊，我的战友，你的热血在我身上沸腾。""雷锋能，我也能！"一个雷锋倒下去，千万个雷锋站起来。雷锋的大爱就这样在一代代人身上传递。郭明义在部队学雷锋、学刘英俊，成为学雷锋的好战士，退伍回鞍钢当工人，又成为雷锋式的好工人。

郭明义忘不了送他当兵的老红军余新元。参加党的十八大后，他高兴地看望余新元，汇报自己如何在党的培养下成长。当他说到当选中央候补委员的时候，笑眯眯地听着他说话的余新元一下打断了他的话，“别扯这，你给我唱唱《学习雷锋好榜样》……”我曾就这个事情问郭明义，郭明义是这样说的：“每次见到余老，他总让我唱《学习雷锋好榜样》，他和我一起唱，眼睛里饱含着泪花。我感到，余老对雷锋感情最深，抓学雷锋劲头最大。”

余新元家里墙上挂着雷锋的照片，桌上摆放着雷锋的塑像。他问我：“毛主席题词‘向雷锋同志学习’，是谁向雷锋学习呢？”不等我回答，老人家挥着手自己答道：“毛主席的题词我读了几十年，领悟了几十年，毛主席说这个‘向’，那就是他老人家首先自己要向雷锋学习。毛主席把一生献给了中国人民，他是学习雷锋的好榜样。”

“雷锋在这个世界上只生活了7900多天，但中国人民没有忘记他，雷锋永远不会离开我们。雷锋精神是永恒的。雷锋精神是社会主义核心价值观的生动体现。我们学他、做他，做他、学他，雷锋精神的核心是奉献。人的生命是有限的，为人民服务是无限的，把有限的生命投入到无限的为人民服务之中。这是雷锋最大的奉献！”2022年12月28日，99岁的余新元驾鹤西去，他97岁时留给全国电视观众的这一段话，成为我们新时代新征程深入学雷锋的最好动员！

雷锋学习汽车维修技术　季增摄

6. 伟大的士兵

雷锋入伍 11 个月就名扬沈阳军区，这在和平年代的军营里是前所未有的。战争年代一仗下来，“堵枪眼”“炸碉堡”，舍生忘死，人民军队英雄多，仅以抗美援朝战争为例，像黄继光、杨根思式的英雄就有几十位。现在，站岗放哨，开车运输，扶危济困，都是小事、细事、平凡事，“英雄壮举”很难爆出，但雷锋把小事做到了极致，把“平凡”做得如此令人感动，11 个月就花开军营，这是一个奇迹。

故事回到前头。1960 年 1 月 8 日，位于辽宁营口的沈阳军区工兵十团在操场上召开了欢迎新战士大会。会上，团长吴海山和老战士代表都讲了话，雷锋作为新兵代表上台表决心。

这是雷锋在部队的第一次亮相。

那天风刮得“呜呜”响，雷锋拿着稿子没读几句，一阵风把稿子从手里吹跑了，有的同志就赶紧追着捡稿子，场下有人小声议论：“这可咋整？”结果，雷锋不慌不忙，干脆把剩余的几页稿子往裤兜里一塞，说：“只要我们学好毛主席著作，听党的话，听从首长的教导，团结一致，别说四好五好，就是七好八好，我们都能做到。”大家一听都笑了。

初入部队的雷锋，不懂得部队创建“四好连队”、争当“五好战士”的概念，误认为多几好更好。雷锋说：“你们笑什么？我说的都是实话。反正，我们就是一个心眼，为了保卫祖国，一定要当个像样的兵，决不辜负首长和大家的期望！”

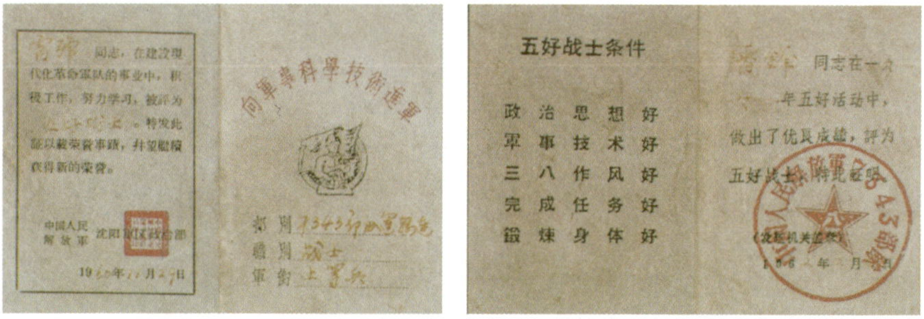

雷锋被评为“五好战士”

台下，团政委韩万金对团长吴海山说：“好兵！这个新兵讲得真好，将来肯定有发展。政治处要注意他分到哪个连队，培养培养。”吴团长赞同说：“就是，现在拉出一个营长来，不给他写稿子，也不一定能讲这么好！”就这样，雷锋到部队的第一天，就以“特殊的亮相”进入了领导的视线。

军务参谋戴明章见到吴团长后，第一句话就是：“团长，我在接兵上犯了一个错误。”团长一听，愣了：“什么事？”“我接了一个没有政审表的兵，叫雷锋。”团长打断了戴明章的话：“雷锋，就那个不拿稿子讲得呱呱叫的小个子，好兵！你电话向我报告的那件事吗？不要紧，我知道了，我负责！”

1990 年，戴明章在南京见到曾任解放军工程兵工程学院副院长的吴海山。见到自己的老部下，吴海山特别高兴。他们又一次回忆起雷锋。戴明章说：“如果那次在电话上您这位首长不同意的话，我这个军务参谋也不敢带他，那雷锋可就当不上兵了。”吴海山哈哈大笑：“这是天意啰！我是雷锋所在团的团长。”吴海山还告诉戴明章，离休后，干休所让他填一张履历表，他写上曾任“雷锋团”团长。工作人员说：“首长，要填部队番号。”他说：“就填‘雷锋团’，我为此自豪。”说罢，两人哈哈大笑。

一天晚上，荆营长查铺发现雷锋病了，头还有点发热，就脱下自己的大衣给雷锋盖上，还叫来卫生员给他看病。深夜一两点钟，营长又把自己的被子拿来悄悄盖到雷锋的身上。新家的温暖让雷锋流泪了。第二天早晨，雷锋被起床号惊醒。他刚要起床，就被人按住了。班长手端着一碗面条，告诉雷锋这是荆营长特意让炊事班做的病号饭，还叮嘱他今天休息一天。雷锋接过面条，眼泪在眼眶里直打转……

雷锋说啥也躺不住，一定要去参加新兵教育活动。在团荣誉室的锦旗前，团长吴海山向新战士介绍十团的辉煌历史，并讲述了十团功臣模范们的事迹，要大家发扬十团官兵英勇顽强的拼搏精神。

工兵十团的前身是 1947 年 9 月组建的襄陵独立团，在解放山西运城、临汾、太原的战役中作战英勇，被授予“越战越强”锦旗。后来，该部进军西南剿匪，以勇敢顽强、吃苦耐劳著称，获得“英勇顽强，全歼匪帮”锦旗和“英勇艰苦”锦旗。20 世纪 50 年代，该部从西南调入辽东半岛，被改编为工兵十团。工兵十团作为实力很强的一支工程兵部队，承建了许多重点工程。所到之处，留下了建功国防的美名，涌现出不少功臣模范和先进人物。吴海山是这个团的第三任团长。

当天晚上，团里给新战士放映了电影《董存瑞》。来到这个英雄团队后，雷锋就一次又一次地被感动着。这感动有的来自历史，有的来自现实；有

贴着黄继光画像的雷锋日记本扉页

永恒的英雄，有身边的战友和首长。他们告诉新兵雷锋，人应该怎么活着，路应该怎么走。晚上，雷锋把一张战斗英雄黄继光的画像贴到日记本上，在画像两侧空白处写下了：“英雄的战士黄继光，我永远向您学习。”

1960年2月5日的《辽阳市报》，刊登了雷锋写的《温暖如家》。这是雷锋到部队后发表的第一篇文章。文章记述了初来部队的感受。文章这样写道："我深深体会到，只有党才永远这样关怀和爱抚我们青年一代。"雷锋在1960年1月8日的日记中写道："一个在旧社会受苦受罪的穷苦孤儿，居然成为一个解放军战士，得到党和首长的信任，受到战友们的热爱，我真不知说什么好！……在这个革命的大家庭里，首长胜过父母，战友亲过兄弟。这一切只有在党的领导下的人民军队里才能得到……"

雷锋从差一点当不上兵，到成为一个被争着要的"香饽饽"，前后一个月，发生了戏剧性的变化。新兵分配的时候，又出现了一个插曲。

戴明章是一个认真负责的参谋。他按这次新兵的政治素质、身体条件、文化程度和技术专长等，制定了一个详细的分配原则。其中第一条就是照顾新兵本人原有的技术专长。照这个原则，雷锋应该分到技术营的技术一连。这个连使用的技术装备就是推土机、刮运机、挖壕犁……即将回技术营任职的荆营长曾私下对雷锋说："到我们技术营，想开什么任你挑。"可在分配名单上，雷锋却被分到了运输连。

看到名单，荆营长不干了。荆营长可不想错过雷锋这个好兵。他找到戴参谋质问："作为一个司令部的参谋人员，连自己定的事都不执行，今后代替首长向部队下达命令谁还听呢！"

原来，戴参谋心里有个小九九。团里仅有的一台指挥车——苏制嘎斯67吉普车年久失修，司机也已经超期服役五年多，作为军务参谋的他，早就在物色接班人了。现在他盯上了忠诚、机灵、勤快又有技术基础的雷锋，所以挨骂、赔不是他都认了，但雷锋的分配不能改！

运输连来接兵的是副连长虞仁昌。他在对着花名册点兵时，看到有一个新兵个子特别小，就小声说："那个小个子兵能开车吗？"一旁的戴参谋说："这个兵分到你们连，就偷着乐吧。别看他个子小，思想可是高啊！你们保准满意。"这一来，原本该补充到三班的雷锋，也在连长的"特意关照"下被调到了已经满员的"四好班"四班。

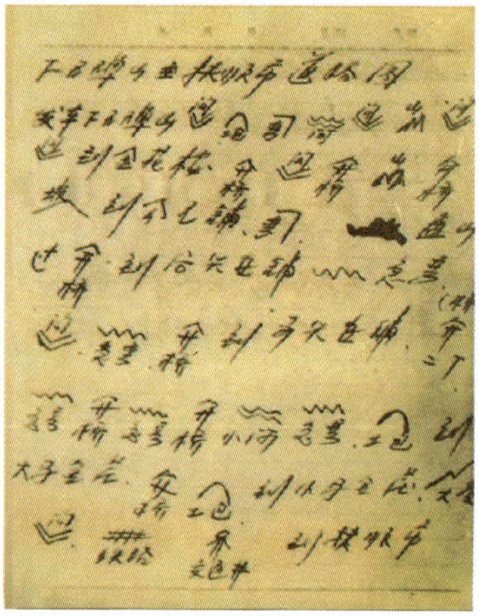

雷锋安全行车笔记

一个在旧社会被抛弃的孤儿到新社会成了抢手的"香饽饽"，这是雷锋的幸运，也是偶然中的必然。这幸运，是指他比他的家人幸运，支撑到了新中国，告别了苦难，走上了幸福之路。这必然，是指从雷锋当兵的经过，可以看到他日后成为英雄、成为榜样的必然。

新中国成立70多年来，"好人好事"是见诸报端的热词之一，自从雷锋的名字在中华大地叫响后，人们更是把"做好事"和"学雷锋"自然地连在一起。"雷锋"在某种意义上成为"好人好事"的代称。加入中国人民解放军的雷锋，就是从"做好事"进入人们视野的。

天刚蒙蒙亮，雷锋就悄悄地起床了，打扫院子和小礼堂旁边的积雪和垃圾。正在巡查机械场地的技术营营长王柱根发现了他。“雷锋，你怎么起这么早？”“首长，我当上了解放军，心里特别高兴，所以就早点儿起来打扫卫生。”雷锋笑着答道，转身又干起来。

> 我习惯每天比战士提前半小时起床，到营区各处转转看看。当我看雷锋起早打扫卫生时，我在全营大会上表扬了雷锋。之后，又因雷锋为人民群众做好事不留名，再次在全营大会上表扬了雷锋。说句心里话，我从参军以来，还是第一次看到新战士刚刚入伍就做得这么好。可以说，我打心眼里喜欢这个小雷锋。
>
> ——王柱根

大约十天以后，团部给新兵营打来电话，说有一个小个子战士，经常去火车站打扫卫生，帮助旅客扛行李、抱小孩，搀扶老弱病残上下火车。车站工作人员和旅客很受感动，要求部队找出这个战士给予表扬。副教导员姜洪贵没费多少周折就查出这个小战士是雷锋。

时隔几日，技术营副营长阜右东和营部书记张时扬在值班时，接待了两位劳动小学的女教师。她们说，上星期天，学校组织老师清扫学校门前和院子里的积雪，一位路过的战士主动帮她们一起扫雪，老师们问他是哪个连队的，叫什么。可不管怎么问，这个战士就是不说，只是一个劲儿地扫雪。学校领导和老师非常感动，委托她俩来部队表示感谢，并要找到那位不留名的好战士。阜右东询问了这个战士的体貌特征后，立即把他与雷锋对上了号。当张时扬把雷锋找来时，两位女教师异口同声地说："对，就是他。"

雷锋做好事，从小学开始，一直做到县委、农场、鞍钢、部队。接触过他的人都会把他和"好事"连在一起。可细看他做过的好事，会发现事情都不大，甚至有些琐碎，我们身边的每一个人都能做，也曾做过，但不一样的是，雷锋不是做了一件两件、一年两年，他用他短暂的生命一贯地为人民做好事，使人们永远地记住了他。

他能在平凡的小事中做出不平凡的事情来。如洗漱间有人忘了关水龙头，他能走过去轻轻拧上；宿舍白天亮着灯，他见到后就会把它熄灭；同志们晒的衣服掉在地上，他能随手捡起来，挂在绳子上。在他的一举一动中，我终于领悟到共产党员的先锋模范作用。

——1993 年 7 月，沈阳军区神枪手王元朝回忆雷锋留给他的印象

新兵训练开始了。雷锋个子小，力气也小，投弹怎么投也超不过 25 米。看到战友们有投 40 米的，有投 50 米的，雷锋急得掉眼泪。从小要强，自参加工作开始都在争先，一辈子就是想当兵，现在却成了垫底的，雷锋不甘心啊！

一定要当一名合格军人！雷锋中午偷偷地到操场上去练臂力、练动作。他在伸展的双手上，各放一块砖头；他用一根细绳，一头拴着

手腕，一头拴在树干上，练习抛掷。雷锋的胳膊肿了，吃饭时拿碗筷都很艰难。连长李超群着实心疼，他对雷锋说："土，要一锹一锹地挖；饭，要一口一口地吃。雷锋啊，你要科学训练。"班长薛三元告诉他要劳逸结合，训练要循序渐进。每天熄灯后，薛三元陪雷锋补课，纠正他的动作。终于，新兵实弹投掷考核时，雷锋获得了优秀，他高兴得蹦起来。

雷锋投掷训练　季增摄

雷锋分到运输连以后，又遇到了难题。还记得副连长去接新兵时说过的那句话吗？"那个小个子兵能开车吗？"这句话还真是有点儿依据。雷锋学开的是苏制嘎斯 51 型汽车，以他的个子，开车时要坐在座位的最前端才能踩到油门和刹车。聪明的雷锋找来一块方木，放在驾驶座上，垫在腰和椅背之间，解决了这个难题。

雷锋射击也遇到了难题。一个星期天的下午，天气特别冷，战士们大多都在房间休息，等着3点钟吃晚饭（那时部队星期天只吃两顿饭）。张时扬路过菜窖，看见雷锋一个人伏在地上练瞄准。他眉毛上蒙上了一层白霜，两个脸蛋冻得通红，右手没戴棉手套，用食指扣着扳机。

张时扬问："雷锋，冻成这个样子了，还不回屋休息？"

"我瞄准动作不行，趁着开饭前还有点时间，再练一会儿。"

"天这么冷，冻坏了咋办？"

"怕冷，能练出硬本领吗？"张时扬还没回话，雷锋又说，"你劝我，还不如帮我，干脆你教我练瞄准吧。"

雷锋这么一说，张时扬也不好再劝了，就伏地帮他纠正瞄准动作。张时扬发现，由于雷锋手指短小，用食指扣扳机时易造成枪身摆动，枪口向下，不容易击中目标。"这咋办呢？指头就这么长。"雷锋一脸无奈。张时扬教他一个小诀窍："你改用中指扣扳机，瞄准目标后，用中指和大拇指合力扣扳机。"雷锋试了试，还挺管用。经过一段时间的认真操练和仔细研究，他很快地掌握了要领，顺利通过了射击考试，获得优秀。

雷锋在1960年的一篇日记中写了一首短诗表达心情：

天上星斗亮晶晶，营部响起军号声。
各连集合站好队，精神抖擞去练兵。
月儿当头亮光光，战士握枪上靶场。
哪怕冰霜寒刺骨，坚决要打靶中央。

1960 年 9 月，雷锋入伍后拍摄的军装照

新兵训练结束后的一天，团里在三营大操场召开新兵训练表彰大会，团首长宣读了对雷锋的嘉奖令。嘉奖令中说：雷锋在新兵训练中，勤奋好学，军容风纪、内务卫生良好，队列、投弹、射击等基础训练都取得了优异成绩，而且继承和发扬了我党我军的光荣传统，在军营内外做了许多好事，受到了部队官兵和一些市民的好评和赞扬。要求全团官兵向雷锋学习，做好施工前的准备工作，为更好地完成新一年度施工任务而努力奋斗。

几十年后，张时扬回忆当时的情景："我边鼓掌边把目光转向雷锋，看见雷锋胸前戴着一朵大红花，面带笑容，昂首挺胸地站在主席台上。他个子虽然很小，但在我们官兵心中的形象却显得特别高大。"

雷锋在人们的印象中是生命的强者，而雷锋的老班长薛三元，对雷锋却有他自己的独特解读："回忆雷锋，我联想到，弱者的成功往往都有一段千锤百炼的历史，形体上的弱者会成为精神上的强者。雷锋在军事训练中，完成各项共同科目，之所以取得成功，是因为强大的精神激励，无时无刻不在冲击他那不甘失败的心扉。"

后来，雷锋的文艺细胞引起了俱乐部主任陈广生的注意，雷锋被借调到了团演出队。到了演出队，雷锋一下子报了五六个节目，有集体的，有单人的。可演出队的其他同志却作难了："陈主任，我们没法和雷锋合作，他那个湖南普通话，我们真是听不明白。"队员们举了几个例子："雄赳赳"，雷锋老说成"雄球球"；群口词表演中，上一个演员说"时间如箭"，雷锋应该接"转眼又是一年"，而雷锋却总说成"转眼又是一连"。

陈广生也作难，雷锋是团领导都看好的兵，自己把他调上来，咋开口让他回去呢？让他负责剧务工作吧，又怕他闹情绪。一个新战士刚一当兵，就碰上这码子事，会怎么想呢？过去曾有过这样的先例，做思想工作老费劲了。

谁知，雷锋不请自到。

"报告，演出队员'雷哼'向首长请示。"

"是'雷锋'，不是'雷哼'。"

"是，'雷哼'。"

陈广生一下子笑了："雷锋呀，你这个普通话还真该好好地练练呀。"雷锋说："首长，我想回连队，不能因为我普通话说得不标准，影响了同志们的演出。"

陈广生听了心里一阵发热，真是一个通情理的好兵！他对雷锋说："你就不要走了，留在演出队搞剧务吧，大家也需要服务人员。"

"是。我服从组织分配，只要能把节目演好，叫我干啥就干啥。"

雷锋当上这个剧务后，遇到的第一个问题是演出队的队员喝不上热水。演出队没有独立开灶，在附近一个机关留守处的食堂里搭伙吃饭。那个时候连队没有专门烧开水的炉子，都是用吃饭的锅烧水。演出队离食堂有一里多路，大家吃过饭，用军用水壶灌开水，回去就只能喝凉的了。雷锋请炊事员帮忙找到一个烧开水的旧铁壶，拿回演出队驻地，就地烧开水。演出队员排练休息时，雷锋把准备好的温水一碗一碗地递给大家。为使节目早日同连队见面，演出队星期天不休息。大家忙排练，雷锋就悄悄地帮队友们洗衣服、洗床单。有个战士感冒头痛，雷锋发现后主动到卫生队替他拿药，彻夜不眠地照顾他。演出队的战士都说：对这样的好同志，一定要表扬！

演出结束了，雷锋虽然没有登台表演，但大家都觉得演出队离不了他。演出队照合影时，大家一致要雷锋拿着奖状蹲在前排。照片上，雷锋的脸上洋溢着幸福的微笑。

这张照片仔细看可以发现雷锋的军帽下露出了一绺刘海儿。按照部队军容风纪，这是不允许的，刚步入部队的雷锋，并不太了解这些。后来，就因为这一绺刘海儿，雷锋受到了批评。这是他入伍四个月时间里受到的第二次批评。

1960 年 4 月，雷锋离开演出队回运输连后，还经常到陈广生那里去借书，每次都是高高兴兴的。有一天，他却是沉着脸走进屋。原来，雷锋在路上碰见了副团长。他乐呵呵地跟副团长打招呼。副团长却一眼瞅见了他露在帽檐外的刘海儿，狠狠地训了他一顿。

陈广生安慰雷锋说，副团长抓部队军容风纪严格，让雷锋不要放在心上。不一会儿，雷锋消了气，又像过去那样有说有笑。临走，还对陈广生说："我回去就把头发理了。"这之后，陈广生见雷锋果然把头发剪短了。有一次，陈广生到班里去找雷锋，见他正在那儿吹口琴。一看见陈广生，雷锋马上站起来抓帽子戴，陈广生笑着说："我不是来检查军容的。"雷锋放下帽子也笑了。

这时，陈广生才注意到，他的头发虽然很整齐，但额前仍然留着刘海儿，只不过比过去短了。陈广生抚弄一下雷锋额前的短发，开玩笑说："还敢留着，不怕副团长再看见了？"雷锋嘿嘿一笑："再上街，我把帽子戴低点儿。"

雷锋到部队后第一次挨批评，是在1960年的1月28日，雷锋当兵后的第一个大年初一。那天，也是雷锋当兵的第20天。团拜会后，连长宣布放假。还是新兵蛋子的雷锋以为放假就可以自由活动了，他没有请假就一个人跑到照相馆照相去了，回来后就被指导员找去批评了一番。

雷锋受批评的事，过去很少有人提起。其实，被批评是很正常的事，雷锋是人不是神，作为一个普通士兵，他和普通人一样，有着自己的爱好和习惯。在他的成长道路上，有赞扬，也有批评，关键是他能及时地修正和调整。正是这样，雷锋才可爱、可学、可信。

1960年国家遭受自然灾害，生活非常困难，在军营里也显现出来，连队的伙食也不像过去吃桌餐，管个饱。

1959年6月9日，总政治部发出《关于在军队中深入进行当前经济情况的宣传解释工作的紧急通知》。1960年8月，总政治部下达《关于进行节约粮食的宣传解释工作和支援救灾的指示》。同年8月和11月，中央军委两次批转总后勤部党委关于降低粮食定量的方案，规定军官每人每月减少粮食定量3—3.25公斤，士兵每人每月节约1.75—2公斤，全军每年为国家节省粮食2500万—3500万公斤。

上级要求开展增产节约活动，节省一些粮食支援灾区群众。连队改为吃份餐，战士们在原有的定量中自愿报名减一点。那时吃饭，80%都是粗粮，南方来的战士本来就吃不惯高粱米蒸的饭，菜里的油水又少，现在再减粮食定量，战士中就有了情绪，发牢骚的不少。

雷锋没有怨言，他找到连长李超群要求改定量，他说每天吃二两粮就够了。“这不中，你还要站岗，还要开车，吃这么点怎么受得了！”最后，在连长的坚持下，他的定量是一天六两，是全连最少的。

有一天，雷锋找到我说：“连长，我一天只吃二两饭就好了。”我一听很吃惊，二两饭就那么一点点怎么行，就是个子再矮也不行呀。后来，部队响应上级节约粮食支援人民的号召，要求大家自报定量，那时候战士的定量每天是一斤五两，经过动员，有的报一斤二两，有的报九两，觉悟高啊！雷锋还是坚持要吃二两，我坚决反对，最后给雷锋提到了一天六两，当时雷锋的定量是全连最少的。雷锋吃得最少，但是工作起来还是有使不完的劲。

——李超群

雷锋向孩子们介绍“节约箱”的作用　季增摄

曾经是“高收入”一族的雷锋，这时候制作了一个“节约箱”，把捡到的破铜烂铁、牙膏皮、碎布头都放到里面去。那时，牙膏皮卖两分钱一个，积少成多，有一回雷锋一次就卖了两元多钱，他用这些钱买来铅笔、橡皮和写字本，送给战友和小学生。时间一长，全班乃至全连的同志也都自觉地捡废品了。

夏季换发服装，每个战士发两套单军装、两件衬衣、两双鞋。雷锋只要了一套单军装、一件衬衣、一双鞋，乔安山劝他领两套军装：“国家这么大，哪还在乎你这一套衣服？”雷锋固执地说：“国家现在困难，一套军装虽微不足道，却是我的一点儿心意，我确实有可换洗的衣服和袜子。”有这种想法的不仅仅是雷锋，韩政委和不少团领导都这么做。

雷锋补袜子　季增摄

雷锋确实是有一双“千层底”的袜子，里里外外补了 18 个补丁。战友韩玉成看到这双袜子，就开玩笑说这双袜子影响班里的环境卫生，将它扔进了垃圾箱，雷锋又把它从垃圾箱里捡了回来。原来，这双袜子是有来历的。它是雷锋在望城县委当公务员的时候，县委书记张兴玉送给他的。雷锋一直将它带在身边，从 1956 年一直穿到 1960 年，已经穿了五个年头，虽然已经补了又补，连底色都看不清楚了，但一直舍不得扔掉。

雷锋的袜子

在今天看来，雷锋这些事情都是些小事情，但在那个过紧日子的年代，就是这些普普通通的小事，使人们对雷锋刮目相看，甚至高看一眼，雷锋就这样出名了。

1960 年 4 月，高士祥军校毕业，分配到工兵十团运输连任政治指导员。一到连部，他就看到门口黑板上写着“向雷锋同志学习”七个大字，还有“学雷锋超雷锋”的口号，这让他有些吃惊。细读下去才知道，雷锋是连里的新兵，他来到连队天天做好事，早晨起来为同志们打洗脸水，打扫室内外的卫生，打扫厕所；上课前他领着大家唱歌；吃饭时给大家读报；生活艰苦朴素；喜欢助人等。

后来和雷锋同志接触机会多了，他给我留下的印象也就更深了。他有几个突出的特点：一是非常勤快，没有休息的时候，从没有见他闲扯，平时一有空就打扫卫生，到车场擦车，帮别人洗衣服，缝缝补补；二是非常热心，一心一意帮别人排忧解难……三是克勤克俭，艰苦朴素……

——高士祥

高指导员上任后，和李超群连长都面临着一个十分现实的问题：如何在困难面前把干部战士的心聚拢、劲搞足。

那时候，连队吃午饭期间会开展小广播、小读报活动。一天吃午饭，雷锋拿着《解放军报》，给大家边读边讲解放军战士节约粮食的事。有一个战士不愿意听，更不愿意吃高粱米饭，故意将一口饭吐在地上说：“炊事班怎么搞的，米没淘净，沙子差点儿把我牙硌掉……”雷锋听到后，看了这个战士一眼，没有说话，照样认真地讲下去：“咱们连每人每天节约一粒粮，一年就是36000粒，全团全军该有多少呀！”吃完饭后，雷锋把掉在桌子上和地上的饭粒都扫了起来，倒在了猪食缸里。

这一切被高指导员看在眼里，他与李连长商量，决定在连里搞一次忆苦思甜活动，让雷锋给大家讲讲自己的成长史。

会上，雷锋给大家对比了他在新旧两个社会里过的两种不同生活。当讲到母亲悬梁自尽时，雷锋失声痛哭，全场也一片哭泣声，雷锋泣不成声，说不出话来。连长说，雷锋你讲出来吧，你讲出来就是在为千千万万个妈妈说话。我们必须要渡过难关，把祖国建设好。雷锋所在连队超过半数的官兵在旧社会都有过逃荒要饭、家人离散和地主逼债的悲惨经历。雷锋的苦难，曾是大家的苦难，雷锋的报告，深深地打动了全连官兵的心。

雷锋在部队作忆苦思甜报告　季增摄

高指导员上任不久，团政治处领导刘家乐就带着宣传股股长吴广信、干事庞士元来运输连蹲点。刘家乐是从工程兵舟桥部队调到工兵十团担任政治处主任的。他上任后的第一件事就是摸清部队的思想情况。他了解到团里有一些官兵对目前的暂时困难认识不清，个别人还有些不满情绪，特别是施工劳动强度大，有些人饿肚子，就发牢骚说怪话。但是也有很多积极因素，比如运输连新兵雷锋，对度过灾荒年就很有信心，工作热情也很高。于是，刘家乐来到运输连，要见识一下这个叫雷锋的新兵。

高指导员听他们说完来意，就一五一十地介绍说："雷锋不仅仅是个忆苦典型，他很全面，思想进步、工作积极、学习刻苦、勤俭节约。雷锋参军前，在工厂和湖南老家就是先进生产者和红旗手。"

刘主任听完介绍，说："走，我去认识一下雷锋。"这时部队刚施工回来不久，他们走进二排宿舍，就看到一个战士坐在床上看书，连他们进来都没发觉。

高指导员喊："雷锋，这是政治处刘主任。"雷锋立刻站起来敬礼。汇报中，雷锋指着正在阅读的《毛泽东选集》问刘主任："首长，这段应该怎么领会？"刘主任回忆当时的情景说："我一看，雷锋手指的是毛主席《实践论》中的理性认识依赖感性认识的问题。我问：'雷锋，你是怎么领会的？'雷锋说：'一切理论都要经过实践，没有实践的理论是空头理论。'……这是我第一次见到雷锋，他给我的印象是个头不高，白脸皮，大眼睛，挺精神，说起话来面带笑容，对毛主席著作学习抓得很紧，能利用一切时间进行学习。"

深入了解后，刘主任发现这个新兵不光是爱学习，还会学习、肯钻研。工作上，模范带头作用发挥得特别好；生活中助人为乐，做了很多好事。

李连长给刘主任讲了雷锋学汽车驾驶的情况。雷锋一分到运输连，就被团演出队调去排练节目。当他返回运输连时，新兵差不多已经把汽车理论学完了。眼看就要学习实际驾驶了，摆在雷锋面前的问题是，如何补上耽误了一个多月的技术课程。汽车教员三排长给了他一本汽车驾驶课本，劝他说："你下连晚了，光着急没有用，一时上不了工地，晚就晚几天吧。"

此时的运输连正在援建抚顺钢厂的一座厂房，雷锋看到老战士们忙着为工地运送建筑材料，自己有劲使不上，心里那个急啊。

雷锋开过拖拉机、推土机，于是，他把汽车的构造、各种机件的性能和操作方法，同拖拉机、推土机作比较，找到它们的不同点。他一有空就拿着笔记本钻到车下，对着机件一样一样地熟悉。这样，他很快就把汽车的原理、构造和特点摸熟了。

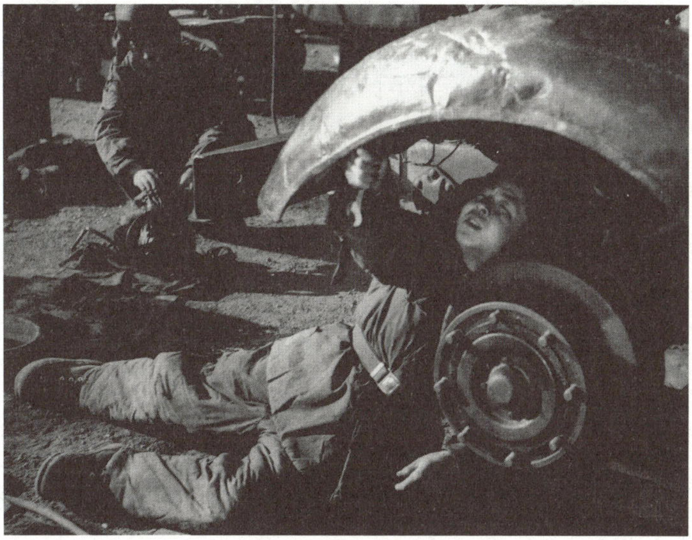

雷锋修汽车　季增摄

汽车道路驾驶学习开始了，每天半天理论学习，半天道路驾驶。雷锋所在的新兵班有十名同志，一个人一天只有 25 分钟的时间练习驾驶。为了使全班同志能够很快地掌握操作要领，雷锋利用休息时间制作了一个模拟驾驶台，带领大家在驾驶台上练习手脚操作的配合动作，很快提高了大家的技术水平。和雷锋一个班的佟占佩记性差，今天学明天忘，第一次测试考了个不及格。雷锋就给佟占佩照图讲解，一个位置一个部位地推进。每次小组讨论的时候，雷锋都让佟占佩先发言，说不清楚的地方就提示他一下，然后让他继续讲，用讲话巩固记忆。这样，学习了一段时间，佟占佩业务有了明显的进步，第二次测验得了高分。

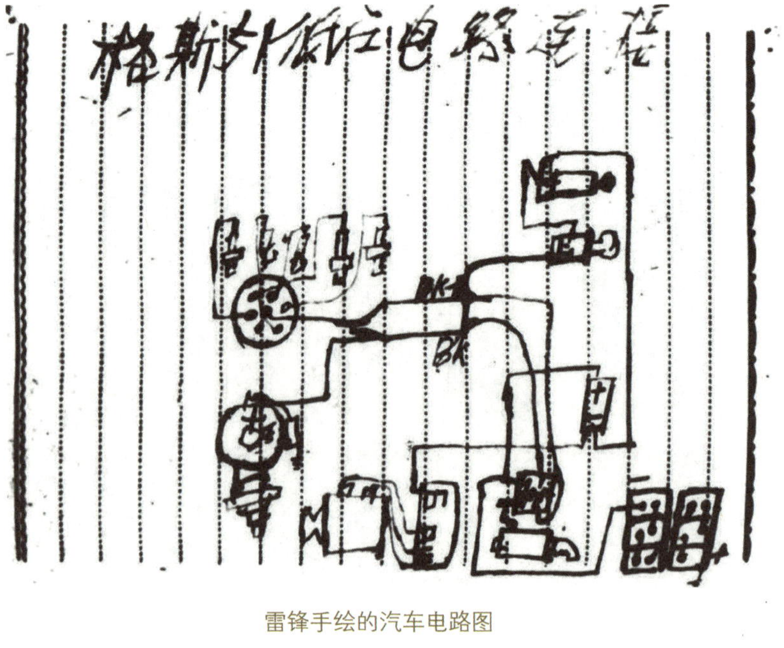

雷锋手绘的汽车电路图

雷锋的战友们至今还记得雷锋制作的那个模拟驾驶台。它放在宿舍门前，新兵们这个上去练一会儿，那个上去摸一摸，都说和坐在教练车上差不多。雷锋就是靠着这样的钻劲和巧劲，不仅自己补上了落下的功课，在结业考试中取得优秀成绩，也帮助战友们提高了技术水平，被大家推荐为技术学习小组长。

1960 年 5 月，雷锋被分到了二排四班。雷锋第一次独立驾车运送水泥到工地，看到厂房已经打好了地基开始砌砖了，他内疚地说：“我来晚了。”一个老战士夸奖他说：“怎么晚了？你是新兵训练班下到战斗班最早开车的一个。”

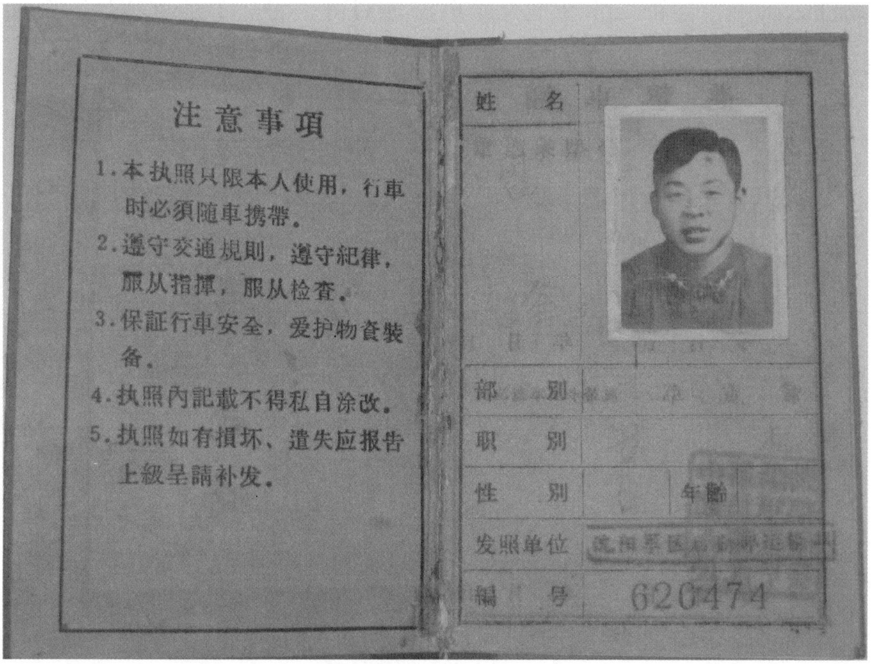

雷锋的汽车驾驶证

雷锋驾驶的13号汽车，原来是四班耗油最多的一辆车，大家管它叫“耗油大王”。这辆车参加过抗美援朝战争，已有十余年历史，多次大修过，各部件磨损仍然很严重。这时连队正在开展节油活动，谁都不愿意开这辆“耗油大王”。在雷锋的再三请求下，连里把13号车交给了他。雷锋决心要制服这辆“耗油大王”。他发现化油器的油针太粗了，就设法调整油针，使耗油量最大限度地降低；加强保养，减轻了车的摩擦阻力，耗油量下降了35.7%。他又在操作上总结规律，调整和改进驾驶操作。终于，“耗油大王”变成了节油车。

李连长说：“雷锋这个战士，有两个特点。一个是精神好，不管遇到什么困难，他都是乐观地充满信心地对待；再一个是有智慧，遇到困难他能想办法克服。像雷锋这样的战士越多，我们战胜困难的力量就越大。”

刘主任还从另一件事上认识了雷锋。刘主任的父亲因为家乡闹灾吃不饱，来到部队找儿子。有一次，他对刘主任说起，他领孙女到公园玩，认识了雷锋，雷锋给他讲的国家形势和克服困难的办法，都很在理。

他父亲说：“你们这个小兵不简单。雷锋说：‘过去苦，现在苦，苦和苦不一样。过去，劳动人民是挨反动阶级皮鞭子的苦，要命的苦。现在是自己家里有难，共产党带着我们战胜苦。’这个雷锋给我讲出了信心。”

看着父亲脸上露出的笑容，刘主任心想：我是政工干部，都没掌握父亲的思想，却被雷锋发现了。这件事很典型，看来只要工作深入，方法得当，就一定能解决问题，带领大家克服眼前的困难。

从运输连调研回来，刘主任考虑从三个方面引导部队指战员正确认识暂时困难，树立克服困难的信心，保证完成施工任务。一是要抓紧时间对部队进行一次形势任务教育。二是在部队开展忆苦教育，提倡生产节约，增强部队战胜困难的信心。这个问题可以通过雷锋这个忆苦典型带头，把群众发动起来。三是总结新中国成立十余年来的建设成就，对部队进行爱国主义教育。

刘主任向团政委韩万金汇报了这些想法，并特别介绍了雷锋的情况。韩政委同意了刘主任的方案，他说："你们政治处要将雷锋很好地加以培养，要有专人负责，我看就由你负责，宣传部门可以做些具体工作。"

刘主任回到办公室后，就召集宣传股的同志开会，指定吴广信、庞士元把运输连当作联系点，继续抓好雷锋同志的培养教育和跟踪调查。刚巧，吴广信要到运输连代职三个月副指导员，所以具体帮助雷锋的工作就落到了他身上。

1960 年 8 月初的一个傍晚，雷锋正在和班里的战友研究汽车理论，突然发现西边的一栋房子里冒出了浓烟，蹿出了火苗，雷锋急速地站起来："不好，一定是加工厂起火了！"他喊上大家向起火的地点跑去。

到了现场，雷锋奋不顾身攀上房脊，挥起扫帚与烈火展开了搏斗。

大火扑灭后，雷锋的鞋子烧坏了，衣服烧破了，手也烧伤了。

这一年的8月，辽中南地区连降大雨，山洪暴发，河水暴涨，20多个县市受灾，几条主要的铁路都被洪水冲断。抚顺郊外的上寺水库有可能决堤，抚顺市委、市政府紧急动员全市军民保卫煤都，保卫人民生命财产安全。

运输连接到了抗洪抢险的命令。当时，雷锋正在拉肚子，加上前几天扑火时手上的伤还没有好，李超群连长决定把他留在营房值班。雷锋坚决不要这种照顾，坚持要和连队一起去水库抢险。

来到水库，眼看洪水咆哮翻滚，很快就要漫过大坝。情况万分紧急，市委防汛指挥部要求部队连夜开掘溢洪道。挖掘中，雷锋被塌方的黏土砸倒，铁锹也被埋在塌下来的黏土下面，他就用手继续挖泥，前几天烧伤的手，磨出了鲜血。李连长看到后，催促他快去找卫生员包扎一下，雷锋没离开，仍然坚持用手挖泥。

天快亮时，雷锋昏倒了，被送下去休息，但雷锋只休息了一上午，就又上了工地。经过七天七夜的连续奋战，咆哮的洪水在英雄们面前被驯服了。部队撤回抚顺驻地，各连进行抗洪抢险总结，运输连提出为雷锋记三等功一次，报到了团政治处组织股。和平时期给一个入伍才八个月的新兵记三等功，在工兵十团是没有先例的。

为了慎重起见，团政治处组织股股长赵玉瑞到运输连找干部战士开了几个座谈会，全连上下都主张给雷锋记三等功。到四班开座谈会的时候，战士们也是这个看法，只有雷锋坐在一边一言不发。赵玉瑞问他："为什么不说话？"雷锋说："抗洪抢险是全团的行动，战胜洪水人人出了力，我和大家一样尽了一个战士的责任，没有必要单独为我请功。"

回到团部，赵玉瑞对韩政委讲了这件事，韩政委说："雷锋这样谦虚，严格要求自己，不争荣誉，很好。但从组织上考虑，同意给雷锋记三等功。"

7. 响鼓也要重锤敲

团政治处组织股股长赵玉瑞遇到了一个难题。一个月前，团里要求各连申报当年党员发展计划，运输连党支部报了七名发展对象。其中，只有雷锋是当年入伍的兵。一般来说，入伍不到一年的新兵，是不能作为党员发展对象的。当时战士中间流行着几句顺口溜：当兵一年看，二年好好干，三年入了党，复员进工厂。雷锋没有看，当了兵就好好干，入伍不到半年他就向连队党支部递交了入党申请书。

雷锋能不能作为党员发展对象呢？赵玉瑞向韩政委请示，韩政委说："雷锋是个好苗子。对他入党的问题，不要拘泥于入伍时间长短，符合条件就可以发展，要尽快派人去湖南外调雷锋的家庭和社会情况。"组织股根据政委的指示进行了一系列的调查工作，证明雷锋的身世的确很苦，社会关系极为单纯，没有发现任何问题，便把雷锋列入了 1960 年党员发展计划。团领导对此高度重视，决定由刘家乐负责雷锋入党事宜。

起初，分配我帮助雷锋同志我并没有感到什么压力，因此也就当成一般工作来抓。但是雷锋的事迹越来越突出，名气越来越大，我有了压力，感到了“怕”，也感到责任重大。我当时主要有两个“怕”：一是怕他骄傲，二是怕他谈情说爱。一旦发现这两个问题那么就必须立即采取措施。因为骄傲使人落后，过早地谈恋爱则容易影响斗志。我认为作为一个领导要想到这些，哪怕是想得严重一些，以防患于未然，这是我们历来的经验。因此，我和政治处的有关同志进行研究，决定采取一些措施，要求政治处宣传股和运输连要有专人掌握雷锋的思想活动，发现问题及时汇报；并规定，在必要时雷锋可以直接向副政委汇报工作情况。经过接触和具体了解，雷锋在这几方面从没出现什么问题。

实践证明，雷锋确实做到了严于律己，他的行为根本用不着领导去担心。虽然如此，我们仍坚持采取正面谈话的方式进行教育，打“预防针”，有时我们还向他讲我国古代的英雄豪杰的故事。往往没等我们讲完，雷锋已经领会了：“首长，我是一个新兵，有许多东西还不懂，不会有骄傲情绪的。”

——刘家乐

从入伍到立功，大家对雷锋的认识逐步加深。工兵十团在汇报提纲《雷锋同志在部队的成长》中总结说：“我们对雷锋的认识也是逐步加深、逐步提高的。……开始我们对雷锋事迹只是作为一般的好人好事进行宣传，这是第一个阶段，这个阶段虽然起了一些积极的作用，但印象不深。”那么是什么让工兵十团提升了对学雷锋的认识呢？这还要从团部收到的两封信说起。

1960年，团政治处收到了抚顺市和平人民公社和辽阳市委寄来的感谢信。

公社来信的大意是：你部战士雷锋把自己的钱支援给公社，他这种热爱集体的精神使我们深受感动。信中还说，雷锋同志发扬了我军拥政爱民、军民一家的光荣传统，建议部队领导给予奖励和表彰。

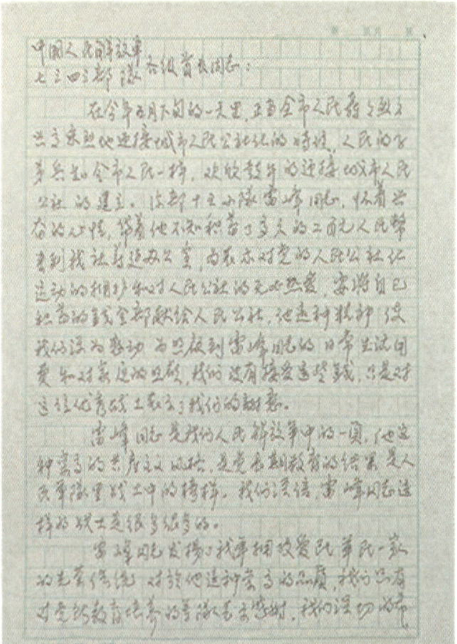
中国人民解放军
七三四三部队各级首长同志：
在今年五月下旬的一天里，正当全市人民满怀激动的心情迎接城市人民公社诞生的时候，人民的子弟兵也和全市人民一样，欢欣鼓舞地迎接城市人民公社的建立。你部十六小队雷锋同志，怀着无比的心情，带着他不知积蓄了多久的二百元人民币来到我社办公室，向我表示对党的人民公社化运动的拥护和对人民公社的无比热爱，要将自己积蓄的钱全部献给人民公社。他这种精神使我们深为感动。当然…雷锋同志的日常生活同爱和对家庭的照顾，我们没有接受这些钱，只是对这位优秀战士表示了我们的谢意。
雷锋同志是我们人民解放军中的一员，他这种崇高的共产主义风格，是党长期教育的结果，是人民军队生活中的榜样。我们认为，雷锋同志这样的战士是值得学习的。
雷锋同志发扬了我军拥政爱民军民一家的光荣传统，对于他这种崇高的品质，我们只有对党的教育培养的重视表示感谢。我们迫切的希

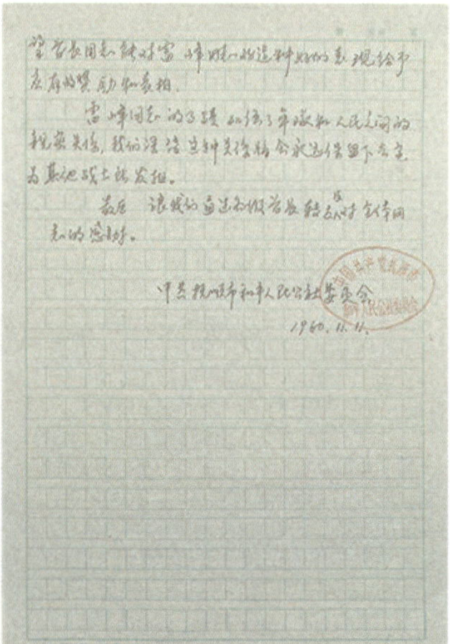
望首长同志能对雷锋同志这种好的表现给予应有的奖励和表扬。
雷锋同志的事迹加强了军队和人民之间的亲密关系，我们深信这种美德精神会永远保留下去并为其他战士所发扬。
最后，请我们的谢意和首长转达对雷锋同志的感谢。
中共抚顺市和平人民公社委员会
1960.11.11.

抚顺市和平人民公社给部队的感谢信

辽阳市委的信中说：雷锋同志在我们遭受特大水灾之时，给我们来信并寄来 100 元钱，从道义上和财力上支援我市灾区，这种崇高的阶级友爱精神，说明了我们的人民解放军有着一贯的与人民同甘苦共患难的光荣传统。雷锋同志有着至高无上的共产主义品质，是党和部队长期教育的结果。

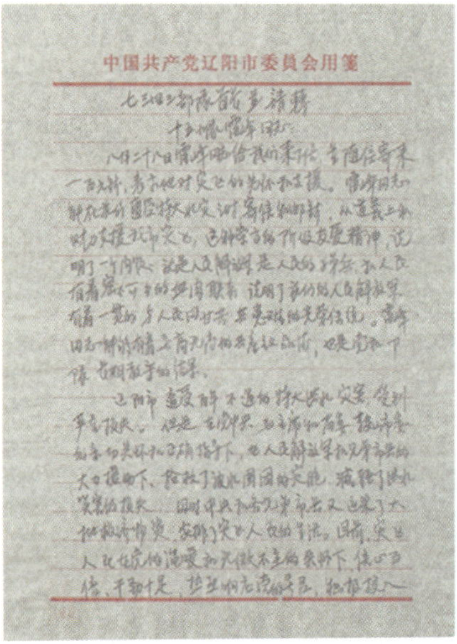
中国共产党辽阳市委员会用笺

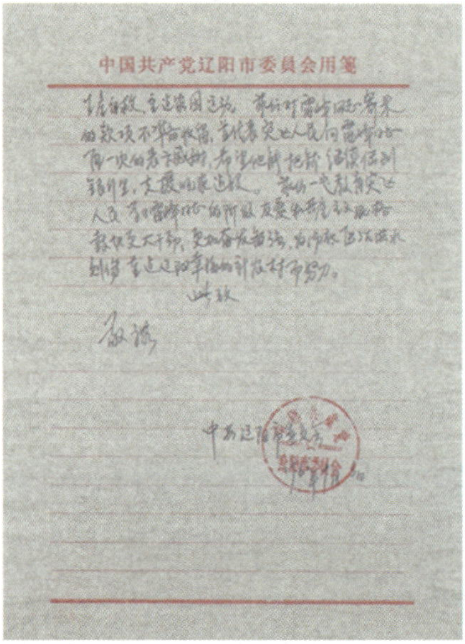
中国共产党辽阳市委员会用笺

辽阳市委给部队的感谢信

政治处的同志看完信后，既感动又惊奇，在那个年代，200 元钱可不是个小数目，一个普通的战士要省吃俭用多长时间才能攒出这个钱呀。而在人民公社成立和灾区困难之际，他能一下子拿出这么多钱来支援公社和灾区，这是一种什么样的精神！韩政委说：“过去我的印象是，雷锋这个小同志很积极，很能干，做了很多好事，现在看来我们把事情看简单了。雷锋为什么做好事，政治处要好好挖掘。”

那时，运输连和团部驻地只隔一条马路，雷锋白天出车不在军营，吴广信和庞士元便让雷锋晚上来他们宿舍，了解这两件事情的经过。

弄清了缘由，吴广信和庞士元非常感动，真正认识了雷锋。如果说过去觉得雷锋做好事是出于对党和新中国的朴素感情，那么现在，他们真真切切地感受到了一个普通士兵的阶级觉悟和崇高品德。雷锋是平凡的，又是伟大的。他们决心把雷锋的事迹整理出来，让更多的人向他学习。他们深入运输连了解雷锋入伍后在连队的工作表现，干部战士又跟他们讲了许多雷锋勤俭节约和帮助别人的感人事迹。

八九个月里，雷锋做的好事越来越多，连队收到的感谢雷锋的信就装了两肥皂盒。高士祥曾问雷锋：“你为什么这么做，这样想？”雷锋的回答很朴实：“我也不知道怎么回事，我只知道我生在旧社会，成长在新社会，只知道共产党好，社会主义好，劲往集体使，我们这样不是更幸福吗？”

雷锋爱读书，用自己的津贴买了许多书装在挎包里供大家阅读。书多了挎包装不下，就做了个小书架，战友们称之为“小图书馆”。大家还编了一首快板诗赞扬他：“不用上书店，不用把腿跑，不用借书证，不用打借条，你要想看书，就把雷锋找。”

在同运输连干部战士的交谈当中，一个更加清晰的形象出现在吴广信他们眼前：雷锋，小个子士兵，脸上总是挂着微笑，一天忙到晚，不是工作就是学习，浑身有使不完的劲；见别人有困难就帮，见有危险就上；听到赞扬不骄傲，碰到讽刺不在乎，心态好，有股子可爱的傻劲儿；对党、对军队、对人民，可以贡献自己的一切……

根据座谈的情况，吴广信组织庞士元和陈广生整理了一份《雷锋同志模范事迹》材料，报给韩政委和刘主任。韩政委说："雷锋的文化程度不低呀，让他自己改改吧。"陈广生把稿子拿给雷锋，雷锋看后把标题改为《解放后我有了家，我的母亲就是党》。韩政委说："我看明白了，这个雷锋没有忘记过去，他是竭尽全力要感恩党，感恩社会主义这个大家庭，一个战士有如此高的境界，值得我们学习，他就是一个勒紧裤腰带干革命的好典型，雷锋同志越是不让宣传，越要把他宣传出去。"

韩政委拿出自己一个月的工资全部寄给灾区，还把自己积蓄的2000元钱也全部作为党费上交。上级要宣传他，他说："我是老党员，这是应当做的。你们要宣传雷锋这样的后生，他们知道勒紧裤腰带跟党干革命。他们才是值得我们学习的！"

团党委经研究，一致决定树立雷锋为"节约标兵"，并把他的事迹材料上报军区工程兵党委。

中秋节，部队给每个战士发了4块月饼。手里是香喷喷的月饼，天上是圆圆的明月，雷锋发呆似的望着明月，他好像看见妈妈来了，又听到妈妈的声音。可怜的妈妈，你要是活到现在，就可以看看伢子长壮实了，穿着军装多威风啊！想着想着，眼泪不自觉流了出来。雷锋把月饼包起来放到了挎包里。这个情景被一个战友看到了。战友问他："你怎么不吃？"雷锋说："今天心里不太好受。医院还躺着不少伤病员，过节了也需要温暖，我想把月饼给他们。"第二天上午，雷锋出车拉粮，顺便到了医院。走进病房，他打开挎包，把月饼和一封热情洋溢的慰问信送给了病员。雷锋拉着他们的手说："这是我的一点心意，希望你们早日治好病，回到建设岗位上去。"

中秋节雷锋到医院看望伤病员　季增摄

又是一个“我的一点心意”，雷锋常常说这样的话，这是他心里的话，他知道失去妈妈的痛苦，他知道孤身一人的心酸，他眼前的人，战友、工人、农民、学生，都是他的亲人，吃一口糖想着别人甜不甜，喝一口水想着他人渴不渴。几块月饼能慰问几个人？但这就是他的心意，如果每个人都献出这么一点点心意，我们的社会就更温暖。

那是一个冬日的上午，连里派公差，让张天玉、唐天理等五名士兵，乘坐雷锋开的解放牌汽车，到离抚顺市 50 多里远的一个山村里给连队拉冬储大白菜。那天，刮五六级的东北风，还下着小雨，天寒地冻。张天玉、唐天理他们蜷缩在车厢里，冻得直打哆嗦。风大，路滑，中午他们才赶到菜地。等到把菜装好车时，已是下午 2 点了。老乡招呼他们：“都过饭点了，吃了饭再走吧，也能热乎点儿。”说实话，他们几个人都饿得发慌，真巴不得吃两碗热饭再走。可张天玉、唐天理多次跟着雷锋往其他连队送给养，知道雷锋是从来不在外边吃公饭的，只吃自带的干馍。大伙儿站着不吱声，等着雷锋发话。不出所料，雷锋谢绝了老乡的邀请，招呼大伙儿上车走。

大冷天，大下午了，饭没吃成，又冻又饿，大伙儿有怨气，都噘着嘴不说话。“是不是饿得说不动话了？”雷锋看在眼里，边开车边说。“人是铁，饭是钢，一顿不吃饿得慌。”张天玉是个直脾气，硬邦邦地回了一句。

雷锋冲张天玉笑笑，没再说话。当车经过一个小镇时，雷锋突然把车停在了路边。开始，大伙儿以为是车出了故障，都嘀咕：“今天真是倒霉透了！”谁知，雷锋停稳车，就招呼大家下车吃饭。车上的几个兵，你看看我，我瞧瞧你，身上都没带一分钱，咋吃饭呢？

这时，一名老兵早已饿得憋不住了，“噌”地跳下车，冲着雷锋说：“我们都没带钱，咋吃饭？咱们不是拉这么大一车白菜吗？干脆拿几棵换点儿饭吃得了。只要咱们不往外讲，谁都不知道。”“不行！”一向谦和的雷锋，突然变得严肃起来，一字一顿地说，“这是公家的东西，咱不能碰。咱是军人，不管啥时候，都得堂堂正正，光明磊落，损害集体利益的事，决不能干。今天这顿饭，我管。”雷锋领着大伙儿走进路边的食堂，要了五碗大米饭，随车的五名战士一人一碗，而他自己却推说肚子不舒服没有吃。当时，大伙挺奇怪。事后才知道，雷锋当天身上带的钱，只够买五碗饭。成为典型的雷锋本色依旧，为人还是那样直率，那样热情。

1960年夏季，沈阳军区工程兵落实军委和总政关于机关干部下基层的“四、五、六”制度，即军机关下基层每年不少于四个月，师不少于五个月，团不少于六个月。军区工程兵政治部副主任王寄语听到雷锋的事迹后，专程下到工兵十团深入了解雷锋的情况，并在军区工程兵党委会上作了专题汇报。

我第一次接触雷锋，是在1960年的7月份，工程兵部队在丹东召开体育运动大会，我曾单独同他进行交谈。从谈话中我了解到，雷锋确实是一个很不平凡的兵，他对党、对社会主义特别是对毛主席的深厚感情，从他的每句话中都能听出来。他的思想觉悟高，对问题认识敏捷，心怀国家，关心集体。我将调查的材料和搜集的资料带回机关，首先向军区工程兵党委书记、主任王良太同志作了汇报。

——王寄语

雷锋入伍时间尚不到一年，军龄太短，这是个实际情况。按说将一个入伍不到一年的新兵列为党员发展对象，可以说是破例，但必须历史地看：雷锋入伍后 9 个月就被评为“节约标兵”，也就是这 9 个月内，他荣立一次三等功和一次二等功。而且，在入伍前，他早已是“治沩工程模范”“红旗手”“标兵”“先进生产者”“青年建设社会主义积极分子”。他决心入党也不是到了部队后，而是入伍前早在望城县委当公务员时。事实上，雷锋在部队时间虽然不长，但他在入伍前就按党员的标准接受了严格的考验。就此，王寄语在汇报时讲：“在雷锋身上不要过分强调军龄长短，应重在考察他一贯的思想政治表现……”并建议党委会最好能尽快研究讨论，当然，不能降低党员标准和违背党章规定。

像雷锋这样先进的同志，应不应该早日吸收他入党？这件事既关系雷锋以后的成长发展，也是检验党组织如何看待雷锋这个典型的严肃问题。当时按上级要求，发展新党员必须定计划，摸底排队，严格考察，一般来说，新兵入伍第一年是排不上号的。雷锋入伍不久，就写了入党申请书，高士祥找他谈话，作为鼓励，还送给他一本《中国共产党章程》、一本《论共产党员的修养》。

高士祥指导雷锋填写入党志愿书

1960 年 6 月底，团的领导同志到运输连了解情况时，提出应考虑吸收雷锋入党的问题。当时连党支部支委会进行讨论，有人提出不同意见，认为他考察时间短，又缺少政治审查材料，如列入发展计划可能会影响老兵中入党积极分子的情绪。但经过讨论，雷锋还是被列为培养对象。到8月份，连党支部支委会第二次讨论雷锋入党问题，多数同志赞成将雷锋列为发展对象上报到团政治处。团机关也有人反对，韩政委知道后说：“只要条件具备，又有在地方参加工作的考验，可以不受入伍时间的限制。”于是，团政治处两次派人到雷锋的家乡湖南，调查了解他的家庭历史和社会关系，责成组织股股长赵玉瑞同志协同运输连党支部抓紧做好对雷锋的培养工作。随后，连党支部支委会第三次讨论，一致通过将雷锋列入第四季度发展计划。

雷锋的入党志愿书

10月，军区工程兵党委开了一次常委扩大会，研究贯彻军委扩大会议精神，整顿基层党支部和在部队开展“两忆三查”教育。王良太提出，雷锋这个典型是成熟的，应大力宣传、推广，常委们也都同意他的意见。于是，会议决定将已初步形成的雷锋事迹材料转发所属部队，同时决定召开连队政治工作会议，让所属连队和基层党支部的代表都来参加，把学习宣传雷锋事迹作为重要内容，邀请雷锋本人到会作报告。连队政治工作会议期间，雷锋获得了“模范共青团员”的称号，政治部发出“开展学雷锋、赶雷锋运动”的指示，工兵十团党委也发出了“人人都来学雷锋，赶雷锋，做雷锋式的好战士”的号召。这次连队政治工作会议后对雷锋先进事迹的宣传达到了一个高潮。在这同时，沈阳军区正在筹备召开军区首届共青团代表会议，工程兵党委报请上级批准雷锋作为特邀代表出席会议。在审查代表资格时，王良太和党委的同志都认为，像雷锋这样的好同志以党员身份出席会议更为适宜。工兵十团党委于 1960 年 11 月 8 日批准雷锋加入中国共产党，使他踏上了人生道路上新的起跑线。雷锋兴奋地写下了一篇精彩、深刻的日记，表示了他永远跟党走的赤诚之心。

一九六〇年十一月八日是我永远不能忘记的日子。今天，我光荣地加入了伟大的中国共产党，实现了自己最崇高的理想。

我激动的心啊！一时一刻都没有平静。伟大的党啊！英明的毛主席！有了您，才有了我的新生命。我在九死一生的火坑中挣扎和盼望光明的时刻，您把我拯救出来，给我吃的、穿的，还送我上学念书。我念完了高小，戴上了红领巾，加入了光荣的共青团，参加了祖国的工业建设，又走上了保卫祖国的战斗岗位。在您的不断培养和教育下，使我从一个孤苦伶仃的穷孩子，成长为一个有一定知识和觉悟的共产党员。

伟大的党啊，您是我慈祥的母亲！我所有的一切都是属于您的，我要永远听您的话，永做您忠实的儿子。今天我入了党，使我变得更加坚强，思想和眼界变得更加开阔和远大。我是一个共产党员，人民的勤务员。为了全人类的自由、解放、幸福，哪怕高山、大海、巨川，为了党和人民的事业，就是入火海，进刀山，我甘心情愿，头断骨粉，身红心赤，永远不变。

——《雷锋日记》1960 年 11 月 8 日

雷锋入党以后，他的思想境界更高了，学习抓得更紧了，工作也更积极热情了，对待同志更加热情和蔼。雷锋在参加会议期间，还被邀请到部队领导机关、分队和地方一些单位作报告。他的名字和先进事迹很快在工程兵部队和兄弟部队广大官兵中、在当地群众中传播开来。11 月 16 日，工兵十团政治处下发了第 1 期《开展学雷锋、赶雷锋运动简报》。11 月 21 日，王良太和军区工程兵党委的其他同志一起接见了雷锋，赠送给他《毛泽东选集》1 至 4 卷，并题字签名，鼓励他读毛主席的书，做毛主席的好战士。11 月 23 日，工程兵政治部宣传处和青年处提交了《关于运用雷锋典型事迹做活教材配合部队当前教育的报告》。同日，军区工程兵政治部整理出综合材料《关于在部队开展学雷锋赶雷锋运动的情况》，请求上级批准让雷锋作为特邀代表参加军区首届共产主义青年团代表会议。这份材料被呈报军区，很快得到批准。11 月 24 日，杜平副政委专门题词（刊登在 11 月 26 日《前进》报上），号召军区部队学习雷锋，《前进》报对雷锋事迹作了长篇报道。

雷锋和战友们学习《毛泽东选集》

这种局面使人兴奋，但也增加了压力。王良太给工兵十团党委提出这样一个问题：以往有些先进模范人物在宣扬出去之后，变得无声无息，有的还走了下坡路。在雷锋身上会是怎样的？雷锋现在已经有名气了，但他才是一个 20 岁的青年，我们各级领导应采取什么态度去对待他？怎样帮他继续提高？

工程兵党委和工兵十团党委随即制定了具体措施。在指导思想上，要紧紧把握培养、宣扬雷锋的正确方向，对雷锋同志要坚持“支持、爱护、教育、提高”的八字方针。雷锋是贯彻我党宗旨，全心全意为人民服务的好战士。我们一定要有坚定的立场支持他、爱护他，但爱护绝不是袒护。有缺点、错误必须及时指出，帮他改正，在对他大力宣传前，我们已经这样做了，今后更要坚持这样做。雷锋还是年轻的战士，正处在重要的发展时期，我们必须帮他百尺竿头更进一步。但提高绝不是“拔高”。已形成的雷锋先进事迹材料都是实实在在的，今后更要坚持这一条。雷锋也有不足，比如，雷锋有时外出做好事不请假；有时自己埋头干而不注意带动其他同志；有时学习不遵守连队统一的作息时间，影响别人休息；等等。连队领导一方面肯定他的积极性，另一方面直率地指出在连队生活中遵守制度的重要性，雷锋接受了批评，认真改正。而对有的战士因有某种嫉妒心，讥讽雷锋做好事是“爱拔尖”，连里则理直气壮地进行批评教育，支持雷锋，发扬了连队的正气。

工兵十团党委还规定：抓典型的人不换，班子不散；宣传上有一说一，有二说二，不讲过头话，不讲无根据的话，严格把关。运输连党支部提出，对雷锋事迹宣传一要广，二要真，要在自己连队真正把雷锋这面旗帜举起来；对雷锋同志遇到的实际问题、实际困难一定要实事求是地解决，帮他出主意，总结经验；连队要保持一定数量的学雷锋骨干，保证连队各项工作不断线。

为落实上述原则措施，对雷锋在新的年度里提出两点要求。

第一，必须时刻防止骄傲情绪。王良太说："除了在工作场合同雷锋谈这个问题外，他每次外出作报告回部队路过沈阳时都愿到我家里'做客'，我总是同他谈要虚心向人家学习，外出时要处处有礼貌。我曾送给他一张照片，背面题字是'赠给雷锋同志：虚心使人进步，骄傲使人落后，祝愿我们共同进步，建设美好的未来'。"其他领导同志也都一再叮嘱他要保持谦虚谨慎的作风。鉴于各地群众给雷锋的信件数量太大，他自己根本没有精力去处理，同时社会是复杂的，有的信件可能对他产生消极的影响，所以决定由组织上抽出文化教员、文书等三名同志专门负责处理这些信件。所有这些工作，有利于雷锋正确对待荣誉，保持清醒的头脑。他在日记中多次写，自己取得的成绩"应该归功于党，归功于帮助我的同志"，要把已取得的成绩，"当作下一步革命的起点，要永远做群众的小学生"。

从内心往外说，我时刻都想多学点本领，更好地为人民服务。我时刻牢记着马克思的教导：不学无术在任何时候，对任何人，都无所帮助，也不会带来利益。今天，我为了人民的利益，阶级的利益，革命的利益，多学点本领就更为必要了。我所以要虚心学习，刻苦钻研，学到真本领，就是为此目的。

——《雷锋日记》1962 年 5 月 6 日

第二，加强学习，提高本领。问题是自身学习提高不易。由于一段时间里外出活动太多、太累，政治学习、军事技术学习时间没有保证，他渐渐有落后的趋势，这样，对他本人成长不利，也势必影响他的威信。十团党委决定，要减少雷锋外出作报告的次数，必须外出时，要经团领导同意，并派专人陪同，严格控制部队内部对雷锋的访问，并决定组成专门的“小班子”帮助雷锋。由政治处宣传股股长吴广信、干事庞士元同高士祥一起负责帮雷锋学习毛主席著作和加强政治学习；由教员王广湘和副连长虞仁昌负责帮助雷锋提高驾驶技术。为使雷锋熟悉车况，还决定对 13 号车不轮流换人驾驶，把它固定下来由雷锋驾驶。

雷锋非常理解各级领导对他的关心爱护，他虚心地请求各级领导批评指点，也更多地从各级领导那里得到鼓励和支持，因此，他同各级领导的关系都很融洽，遇到困难就如实地反映，寻求帮助。

1961 年 5 月，雷锋被提为副班长，8 月升调四班班长。这给培养雷锋又增加了新题目，就是让他能尽快适应新岗位，掌握带好一班人的管理经验。雷锋是个直性子，对缺点多的同志批评多，有时方法不当，事与愿违，这曾给他带来一些苦恼。比如：本班战士高奎云有缺点，雷锋在班务会上批评了他，他心里有气，卧床不起。雷锋沉不住气，向虞仁昌汇报，并要求连长亲自叫高奎云起床。虞仁昌说：“我是可以把他叫起来，但以后你和他的团结会不会有问题呢？”然后告诉雷锋不要性急，拿《连队管理教育工作条例》对照一下，找高奎云征求意见，检查一下自己的缺点。雷锋受到教育，改变了对高奎云的生硬态度，给他打洗脸水，做病号饭，主动征求意见，两人很快消除了隔阂。雷锋的品德高尚，心胸坦荡，所以接受新鲜事物特别快。当了班长后，接触他的一些干部无论谁帮助出点子，他都能很快吸收采纳，变为自己的工作经验。从前不大善于发动群众的缺点，管理方法生硬的缺点，在不长的时间里就得到了较好的克服。年底，他们班被评为先进班。

响鼓也要重锤敲，雷锋自己也要当“重锤”，“吾日三省吾身”，雷锋日记中“自我革命”的内容多了。工兵十团连以上干部在沈阳开完会回到抚顺驻地没几天，团里就收到了军区工程兵党委授予雷锋同志“模范共青团员”称号的决定。当时，团政治处正在筹备召开全团年终总结授奖大会，全团有 40 多人立功，立二等功的只有两个人，雷锋就是其中之一。

团里准备让雷锋在全团授奖大会上讲话。组织股股长赵玉瑞找到雷锋，问他有什么意见和打算，雷锋思索了一会儿，说：“我入伍不到一年，工作并不突出，只是做了应该做的事情，和英雄模范人物差得很远，今后我努力向英模人物学习，党委给我记二等功是对我的鼓励，更是对我的鞭策……关于让我代表立功者讲话，我可以讲，但不一定能够代表大家，我只是表表态，下个保证。”赵玉瑞心里暗想，这个苗子选对了！

今天我感到非常荣幸，同时又感到十分惭愧。荣幸的是：我有了慈祥的母亲——伟大的中国共产党和英明的毛主席对我不断地培养教育，使我从一个穷孩子成长为一个有一定知识和觉悟的光荣的共产党员，成了国家的主人，有了我说话的权利；惭愧的是：我为党为人民尽了一点点本身应尽的义务，党和人民却给了我这么大的荣誉……

——雷锋《在授奖大会上的发言》1960 年 11 月 27 日

1961 年 5 月，抚顺市即将召开第四届人民代表大会。许多认识雷锋的居民、老师和学生都提出要推选雷锋当市人大代表。本溪路小学一位老师和两个学生拿着学校介绍信到运输连，征求部队对他们学校推选雷锋当人大代表的意见；驻地附近一位叫张士霞的大娘和几位妇女也来连队说她们要选雷锋当人大代表……

1960 年 10 月 10 日，雷锋受聘担任抚顺市望花区建设街小学（现雷锋小学）的校外辅导员，又一次戴上了他久违的红领巾。1961 年 4 月，他又兼任了望花区本溪路小学（现雷锋中学）校外辅导员，成为孩子们的知心大朋友。

雷锋深知上学读书的机会来之不易，他给同学们讲了他的苦难童年，告诉大家："我小时候看到地主家孩子吃肉不嘴馋，可看到地主家的孩子上学我眼馋。穷人家的孩子进不了学堂，只能偷偷躲在窗台下听，要是被地主看到还会挨打。解放了，是共产党救了我，送我上学，给我吃穿。你们的童年多幸福啊！坐在明亮的教室里，有老师给你们讲授知识，可要珍惜啊！”

雷锋和其他辅导员一起，用自己的津贴给学校办起了小图书馆。其中，有毛主席的著作《为人民服务》《纪念白求恩》等，还有许多关于英雄人物如黄继光、董存瑞、邱少云等的战斗故事小人书。他常常到图书馆给同学们讲故事。

雷锋看到一些同学常吃零食乱花钱，就给同学们算了一笔账：“假如每人每天花1角钱，全国6亿人，每天就要花掉6000万。请大家算一算6000万能买多少汽车？能盖多少大楼？能买多少台机器？……”同学们被这个数字惊着了，雷锋又趁势领着大家唱起了《小小针线包》。

在学校的大队活动计划里，雷锋提出开展“三件宝”活动，帮助大家养成良好的习惯。第一件宝是“储蓄箱”，把零花钱积攒起来，交学费，买书本，或者帮助有困难的同学，养成勤俭节约、艰苦朴素的好习惯；第二件宝是“聚宝盆（节约箱）”，把捡到的旧钉子、铅笔头、橡皮头等收集起来，桌椅坏了自己修理，培养爱护公共财产的好品质；第三件宝是“针线包”，衣服破了自己补，扣子掉了自己钉，继承艰苦奋斗的传统。

有一天，几个同学到部队驻地找雷锋叔叔。一进连队大门，正碰上雷锋在捡地上的废擦车布。一个同学好奇地问：“雷锋叔叔，你捡这些破布干什么呢？”雷锋说：“来，咱们一起捡，边捡边告诉你。”雷锋告诉同学们，不要小瞧这些破布，洗完了还可以再用，这样就可以给国家节约物资材料。说着，雷锋打开了自己的节约箱，里面什么都有，钉子、牙膏皮、废布等，简直就像个百宝箱。回学校后，同学们也学着雷锋叔叔的样子，把捡到的东西都放到节约箱里。

在雷锋的关心和帮助下，同学们的学习成绩和其他方面都取得了进步。

本溪路小学的陈雅娟，别的功课都不错，就是珠算总学不好。雷锋和班主任喻老师一起给她补珠算，不久，陈雅娟的珠算成绩赶上来了。

建设街小学的孙桂琴也是雷锋辅导过的学生。有一次，孙桂琴上学晚了，把红领巾跑掉了，就拿在手里往校园里跑。当时，雷锋正好到学校来，便叫住了她，为她系上了红领巾，温和地对她说：“每天上学前要把红领巾系得紧些。要爱护红领巾，珍惜红领巾，因为它是红旗的一角，也是我们少先队员的标志啊。”还有一次，班里上大字课，孙桂琴的本子用完了，正在发愁。在学校参加活动的雷锋知道后，就把孙桂琴领到少先队大队部，找出一支用线缠好的旧毛笔和两张写过字的纸，用红蓝铅笔在纸的背面画了方格，让孙桂琴写字用，并告诉她，用这样的纸一样可以练出好字，父母挣钱不容易，从小就要学会节省，要从一点一滴做起。孙桂琴努力学习，后来成为沈阳军区医院内科医生。

来连里蹲点的组织股股长赵玉瑞知道了这件事，他回团部把这件事向团政委韩万金作了汇报，韩万金听了立刻说：“这下好办了。”原来，团里也有一个人大代表的名额，团里正商量是推荐一个干部，还是推荐一个先进士兵。韩万金说：“雷锋为人民群众做了不少好事，人民群众提出推选他当人大代表，这是民意。答复本溪路小学，我们部队自己选。”

第二天，团里召开全团施工动员大会，把“通过代表候选人”这项内容加了进去。在野外的一个山坡上，赵玉瑞宣读抚顺市人民委员会的通知后，韩万金说了驻地群众和本溪路小学推选雷锋的意见，请全团同志酝酿一下，然后举手表决。

这时坡上坡下，叽叽喳喳地议论了一会儿，我看议论得也差不多了，高声喊道：“选举雷锋同志为抚顺市第四届人大代表，大家有意见没有？”当时全团1000多人异口同声地回答：“没有！”都举起了手。我在台上看到雷锋坐在队伍的前面，他没有举手。

——赵玉瑞

1961年5月，在驻地附近群众的要求以及十团官兵的推荐下，雷锋作为工兵十团唯一候选人，当选为抚顺市第四届人民代表大会代表。

1961 年 8 月 1 日，雷锋参加抚顺市第四届人民代表大会留影

8 月初，雷锋到抚顺宾馆参加抚顺市第四届人民代表大会。会议期间，雷锋依旧和平时一样，帮年纪大的代表扫地、打开水。住在他隔壁的六个老太太一下子就喜欢上了这个勤快的小战士，吃饭时，总是悄悄地把他的名签换到她们这一桌。

8 月 1 日是解放军的节日，雷锋抽空到照相馆拍下了一张照片。照片上的雷锋戴着奖章，手拿会议文件袋。这天，雷锋还作了一首诗，写在这个文件袋上：“过去当牛马，今天做主人。雷锋，参加抚顺市第四届人民代表大会的主人。参加代表会，讨论大事情。人民有权利，选举自己人。掌握刀把子，专政对敌人。衷心拥护党，革命永继承。哪怕进刀山，永远不变心。”

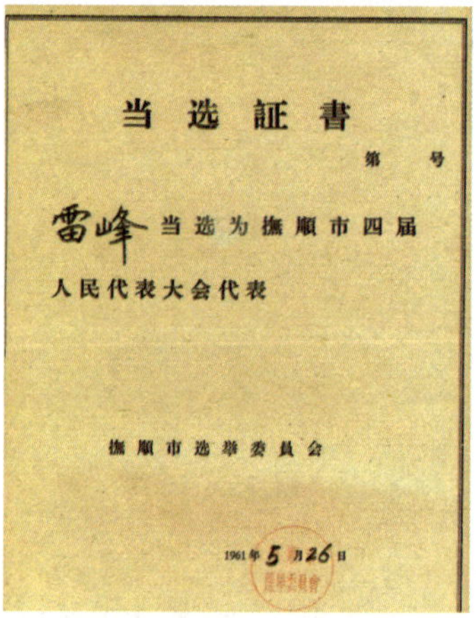
当选証書
第 号
雷峰 当选为撫順市四届
人民代表大会代表
撫順市选举委員会
1961年5月26日

雷锋当选抚顺市第四届人民代表大会代表

会后，抚顺市政府给每个代表送了一斤苹果。雷锋舍不得吃，会议一结束，他就把苹果送给了住在团卫生连的伤病员。

1962 年 2 月 5 日，大年初一，这是雷锋在部队过的第三个春节，也是他人生的最后一个春节。运输连里欢声笑语，战士们有的打球，有的下棋。这一年，生活也明显地有所改善，部队吃饭已经不要求大家定量了，还时常能吃上肉包子。

雷锋和战友们打了两局乒乓球后就待不住了。入伍这两年的节假日，雷锋总是到火车站做好事，隔段时间不去，他就会觉得少做了点儿什么，火车站的人也会打听他最近上哪里去了。雷锋向副连长请了假，直奔抚顺火车站。到车站时，刚好有一列火车进站，一个老太太吃力地背着一个大包袱上车，雷锋急忙跑上去接过那个老太太的包袱，送她上车，给她找了个座位，自己才下车。接着，雷锋回到候车室打扫卫生，给旅客们倒开水，旅客们纷纷说："解放军真好。"车站主任说："小雷呀，过年了，你就休息休息吧。"雷锋说："你们也没休息嘛，这累不着。"

春节过后，雷锋作为特邀代表参加军区首届团代会，同团的邓州籍战士宋清梅作为代表也一起参加。

> 开会期间，我和雷锋住在一个房间。第二天早上，我还没起床，雷锋就出门了，等他回来时，我说："雷锋，快洗脸，要吃饭了。"雷锋应了声"好"就又不见了，我想雷锋是特邀代表，是不是在小食堂里吃饭。结果，我快吃完饭了，看到他还在炊事班帮着端盆子、刷盘子。人家积极得很，一会儿也闲不住。
>
> ——宋清梅

会议期间，找雷锋座谈的、采访的，请他作报告的、签字的人很多，宋清梅说："班长，我替你签吧。"雷锋愣了一下，连说："好啊，好啊。"宋清梅笑了："班长，我给你开玩笑，我哪有这个资格。你也给我签一个名。”雷锋接过本子，工工整整地写下了：“亲爱的宋清梅同志，送你几句话：一个革命者，就应该把自己的毕生精力和整个生命为人类的解放事业——共产主义献出来。”

这个珍贵的签名本，伴随宋清梅走上“雷锋团”第九任团长位置，又伴随着他转业回到家乡河南邓州。自 20 世纪 80 年代起，他和曾任“雷锋团”副政委的邓州同乡姚德奇，创建“编外雷锋团”，由 560 个雷锋战友，发展到如今的两三万人，成为中原大地最大一支学雷锋队伍，被中宣部授予“时代楷模”称号。

下篇
永恒的雷锋

甚多时候，懂得欣赏美好不仅仅是一种美德，也是一种能力、一种立场。

1. 真实无疑

1963 年 5 月，正在长沙学习的李超群接到通知，让他到招待所报到，首长要接见他。

李超群是雷锋的第一任连长，在雷锋入伍的第二年被提升为工兵营参谋长。“首长为啥要见我这个基层干部？”李超群思来想去弄不明白。要见李超群的是军委工程兵政治部黄主任。黄主任应邀到雷锋家乡望城县参加会议，听说李超群在长沙学习，准备带李超群参会，还要让他上台作报告。

可没想到的是，李超群却犯难了，他说：“首长，我从报纸上看到毛主席‘向雷锋同志学习’的题词，很激动，心都要跳出来。这两个月，我眼前天天浮现的都是雷锋，他真是平凡而伟大。我是雷锋同志的连长，我要带头向雷锋学习。可我文化水平低，又没见过大场面，我怕讲不好。”

黄主任的脸一下子沉了下来：“你知道境外一些敌对势力怎么说雷

锋吗？他们说根本就没有雷锋这个人，世界上就没有这么好的人，这是编造的……”

“这纯粹是胡说八道！”没等黄主任说完，李超群就喊了起来。

就这样，李超群随着黄主任参加了会议。乡亲们从他饱含深情的讲述中，仿佛看到了他们想念的“庚伢子”，那个自小就盼望当兵的“庚伢子”，看到了北国军营发生的一幕幕……

真正的美好必须是真实的，只有真实才具有不可抗拒的魅力。而懂得欣赏美好，不仅仅是一种美德，更是一种立场。

60 年来，一些雷锋的质疑者和诋毁者，暴露了他们认知上的缺陷和思想境界的低下，他们自私的世界观给理解高尚存在设下难以逾越的障碍，狭隘的思维局限了他们的视野。他们不相信共产党人的意志和胸怀，不能理解共产党人的信念。然而，共产党人的风骨是刘胡兰、董存瑞、邱少云、黄继光等一大批英雄证明过的，不容置疑。

时代在前进，英雄模范不断涌现。20 世纪六七十年代，有欧阳海、王杰、刘英俊等英雄。20 世纪八九十年代有张海迪、朱伯儒、李素丽、徐虎、李润虎、张子祥等模范。进入 21 世纪后有郭明义、庄仕华、孙茂芳等学雷锋典型的代表。他们对信念的坚守，使雷锋精神不断绽放光芒。

雷锋的传人们一次又一次验证了“一个雷锋倒下去，千万个雷锋站起来”这个文化现象旺盛的生命力。

雷锋是真实的，雷锋影响和带动的一大批学雷锋的人也是真实的。

现实一再说明，为人民献身的钢铁战士不容置疑，可傲慢的诋毁者却罔顾事实，他们变换招数进行攻击，一次比一次更加背离人性与良知。

雷锋离开我们50多年之后，更加恶毒的历史虚无主义粉墨登场。这一次他们改变了策略，不再全盘否定英雄作为肉身的存在，不再讨论有没有这个人，而是具体地否定。今天说你这个是假的，明天说你那个也是假的，一点一点“肢解”你，直至把你击个粉碎，彻底埋葬。

有些人说：“谎言重复一千遍就是真理。”在我们看来，真理就是真实的，假的真不了，真的也假不了。假的骗人一时，真的永远管用。

那段时间，各种社会组织、个人纷纷来电。从系着红领巾的少先队员到拄着拐杖的耄耋老人，从国家机关干部到普通市民，从解放军战士到工人、农民，大家不停地表达着一个共同的心声：雷锋是家喻户晓的道德楷模，雷锋精神影响了一代又一代中国人！我所工作的雷锋杂志社有责任、有义务维护雷锋的光辉形象。使命神圣，让杂志编辑部的全体同志不敢有丝毫的懈怠。踏着新年的积雪，听着未了的鞭炮声，编辑部的同志匆匆登上北上、南下的火车，穿行在白山黑水间，奔走在湘江两岸，在城市的街头巷尾，在乡村的田间地头，在军营的绿色方阵中，调研取证、采访了解、倾听呼声……于是，一本维护雷锋真实性的专刊同读者见面了，北大学子称之为“正义之剑”。同时，辽宁省抚顺市望花区学雷锋典型联合会副秘书长褚士奇，也联合一批雷锋研究学者，深入调查取证，用事实批驳那些污蔑之词。

他们第一次反击，是回答雷锋手背上的三道刀疤是如何造成的。一段时间，网络上传言：雷锋的堂弟雷正球称雷锋手上的三道疤是雷锋自己砍柴时砍伤的。但事实呢？雷锋入伍时，部队正在开展“两忆三查”教育活动。雷锋讲述了自己的苦难家史，其中谈到，三道刀疤是他上山砍柴时被地主婆用柴刀砍伤后留下的。1960 年 12 月《前进报》发表的《解放后我有了家，我的母亲就是党》这份报告材料中就说明：“剩下孤孤单单七岁的我，给人家放牛、喂猪，上山砍柴，我的手又被地主婆砍伤……”雷锋的战友薛三元、庞春学都记得：雷锋在连队作忆苦报告时说，手上的三道刀疤是上山砍柴时被地主徐满料子的老婆砍的。

1963 年，中宣部和解放军总政治部等单位对雷锋家史和雷锋主要事迹进行了重新查证，在雷锋家乡调查的结果与雷锋生前所述说的一致。

为了核查事实，褚士奇去雷锋老家湖南采访了雷正球。雷正球生于 1945 年 5 月，约小雷锋 5 岁，并不直接知晓雷锋的苦难，而徐满料子的老婆确有其人。雷正球还特别声明：他从未讲过徐满料子的老婆“没砍过雷锋”“伤是雷锋自己砍柴时砍的”之类的话。老一辈人也讲过，雷锋手上的伤确实是被地主婆砍的。褚士奇还采访了雷孟宣。雷孟宣也证实雷锋手上的三道刀疤确实来自地主婆。

至于“雷锋拍修车照片是作秀吗”“雷锋为什么有那么多钱用来捐

款”“雷锋为什么能捡那么多粪”这些疑问一说就明。

我们曾经询问过拍雷锋修车的照片的季增老师，他肯定地说这是现场即时抓拍的照片。雷锋修车也不是装模作样，因为那款嘎斯汽车的挡泥板下方，正是前车灯安装固定装置的地方，有时会松脱需要修理。雷锋小学毕业就参加工作了。他在望城县委当公务员时，每月工资能拿到 29 元；在团山湖农场开拖拉机时，每月 32 元；在鞍钢当推土机手时，月基本工资就有 30 多元，此外还有津贴和奖金。雷锋一天捡粪 300 斤也并不奇怪，因为他是到牲畜集中放牧的地方用铲子将成堆的粪球收集回来作肥料，而不是一粒一粒地拾取。

历史虚无主义者的一贯伎俩是，先布“疑问阵”，再施“斩英术”。他们预先设置话题，用无数个疑问诋毁雷锋的美好形象，再用歪理邪说“戳穿编造的苦难史”，彻底“撂倒”雷锋这个在人民心中最具影响力的楷模。

著名的杂文家、《雷锋》杂志智库秘书长李庚辰，一直关注舆论场上的这股暗流。他回答了为什么在中国经历多年快速发展、向着中华民族伟大复兴迈进的关键时刻，一些诋毁、抹黑雷锋等英雄的历史虚无主义的奇谈怪论甚嚣尘上。第一，其目的就是渐渐掏空英雄文化的历史根基，抹杀英雄人物对新中国建设及对中国乃至世界发展进步的伟大意义，把新中国历史描绘成一连串错误的集合，并诬蔑为新中国成立和建设献出生命、作出贡献的烈士、英雄、模范人物，阻滞英雄文化的传承与弘扬。第二，解构英雄，剥离英雄文化的本体依托。从英雄形象的边缘入手，通过复制、剪切、拼贴和戏仿等恶搞方式，颠覆英雄形象本来的意义。解构英雄的方式由隐蔽到公开，进而发展到放肆地“揭底”“爆料”，把雷锋等许许多多的革命英雄人物、英雄群体说成是“吹出来”的“假英雄”，导致人们尤其是年轻人对英雄怀疑、误解、疏离，使得英雄形象在一部分人的心目中轰然崩塌。近年来，我们对英雄文化的培育明显弱化。与此同时，以“个人英雄主义 + 浪漫情怀”为基调的美国大片、动漫纷纷登场，外来英雄越发显得光彩照人，给本土英雄文化带来很大冲击。

其实，这并不是什么新把戏。早在 20 世纪四五十年代，美国政客杜勒斯等人就提出了“和平演变”的主张：

> 我们要从青少年抓起，要把主要的赌注押在青年身上，要让它变质、发霉、腐烂。我们要把他们变成无耻之徒、庸人和世界主义者。我们一定要做到。

> 尽量用物质来引诱和败坏他们的青年，鼓励他们藐视、鄙视、进一步公开反对他们原来所受的思想教育，特别是共产主义教条。……让他们不以肤浅、虚荣为羞耻。一定要毁掉他们强调过的刻苦耐劳精神。

看完这些露骨的话，也许能惊出你一身冷汗。“戏说英雄”“考证英雄”“还原英雄”，受伤的仅仅是那个22岁的雷锋，那个15岁的刘胡兰，那一个个人民心中的英雄吗？社会上，身心麻木的人越来越多了，自作聪明者过于泛滥了，造谣者的犯罪代价过于低了，人云亦云者没有是非观了，怎么办？

2017年的春天，关于立法保护领袖人物和革命英烈名誉的呼声，在中华大地响起。

曾任中央军委法制局研究员的法学博士王新建认为：“由于我国现行法律对保护领袖人物和革命英烈并无明确专门规定，有关保护公民名誉权、荣誉权的法律尚不够完善，对这些行为难以依法干预和有效管制，对相关行为人也难以依法追究其法律责任。因此，立法保护领袖人物和革命英烈名誉，完善相关法律制度，对于维护领袖人物和革命英烈的崇高荣誉，尊重党和国家的历史，维护国家政治安全，具有极大的重要性和紧迫性。”

2017年的全国两会上，有251人次全国人大代表、全国政协委员和一些群众来信，建议通过立法加强对英雄烈士的保护：“不能让英雄流血又流泪，针对维护英烈权益，应完善相应的司法解释和政策法规。”2018年4月，十三届全国人大常委会第二次会议通过了《中华人民共和国英雄烈士保护法》。2020年12月，十三届全国人大常委会第二十四次会议通过了《中华人民共和国刑法修正案（十一）》，增设了“侵害英雄烈士名誉、荣誉罪”，检察机关可以据此提起公诉，保护英烈权益有了更多手段。

法律，是维护英雄烈士名誉的利器；国家，是保护英雄烈士权益的最强后盾。刘胡兰、董存瑞、邱少云、黄继光、雷锋……亲爱的战友们，安息吧！

2. 美好之源

与诋毁者的有意反对、恶意中伤相反，善良的人们将敬仰的目光投向这个年轻的英雄雷锋。

1958 年 6 月 7 日，雷锋在两页信纸上，写下了一首散文诗，夹在《钢铁是怎样炼成的》这本书里。农场服务社售货员王佩玲最先看到了这首诗。

王佩玲读完雷锋的诗，非常激动，她问雷锋怎么写出这么催人奋进的诗篇，雷锋没有正面回答，而是朗诵了保尔·柯察金的一段誓言：

> 人最宝贵的是生命。生命每个人只有一次。人的一生应当这样度过：当回忆往事的时候，他不会因为虚度年华而悔恨，也不会因为碌碌无为而羞愧；当临死的时候，他能够说："我的整个生命和全部精力，都已献给了世界上最壮丽的事业——为人类的解放而斗争。"

雷锋朗诵完这段誓言，眼睛饱含着泪水。接着，他读起了自己的诗——

如果你是一滴水，你是否滋润了一寸土地？

如果你是一线阳光，你是否照亮了一分黑暗？

如果你是一颗粮食，你是否哺育了有用的生命？

如果你是一颗最小的螺丝钉，你是否永远坚守在你生活的岗位上？

如果你要告诉我们什么思想，你是否在日夜宣扬那最美丽的理想？

你既然活着，你又是否为未来的人类的生活付出你的劳动，使世界一天天变得更美丽？

我想问你，为未来带来了什么？在生活的仓库里，我们不应该只是无穷尽的支付者。

在雷锋去世后，这首诗影响巨大，有人为其加上标题《你带来了什么》，谱写成歌曲在校园里传唱。雷锋的“青春偶像”冯健则称这首诗是生命的“人生七问”。

雷锋感动了无数人，包括工人、艺术家、科学家等。

著名科学家钱学森的书房里不仅有哲学、政治学、经济学和文艺理论著作，更有认真阅读过的《像雷锋那样做人》和《雷锋辞典》等书籍。他说："我作为一名科技工作者，活着的目的就是为人民服务。如果人民最后对我的工作满意的话，那才是最高奖赏。"

钱学森的研究者、追随者薛惠锋博士告诉我："钱老晚年让秘书买了许多关于雷锋的书籍，包括连环画之类的小人书。秘书说，钱老，你是让小孙子学雷锋啊。钱老摆摆手说，我要看的，我一直在想雷锋在短暂的生命里为什么会做那么多好事，人的生命的优秀基因是怎么在他身上发挥的。"

一个小士兵为何会进入一个大科学家的视野？

在福建一所小学的"入学第一课"上，我和薛惠锋同台讲述钱学森和雷锋，我们理出这样一个逻辑关系：雷锋和钱学森，一个是平凡的士兵，一个是功勋卓著的科学巨匠，他们能够联系在一起，只因他们有着共同的价值追求，都把"为人民服务"作为人生目标，不同的是"能力有大小"，但只要有这点精神，就是一个高尚的人，一个最美好的人。

"雷锋为什么这么美好？"杜平将军从第一次了解雷锋事迹开始，就一直在寻找这个问题的答案。自雷锋的事迹广泛传播后，党和国家领导人及许多老革命家纷纷题词赋诗。

老革命家董必武赋诗："有众读毛选，雷锋特认真。不惟明字句，而且得精神。阶级观清楚，勤劳念朴纯。螺丝钉不锈，历史色长新。只作平凡事，皆成巨丽珍。普通一战士，生活为人民。"短短几句五言诗，点出了雷锋成长的"要义"——学毛主席著作不是记口号，而是重在“得精神”；“螺丝钉”不平凡，劳动拧出“巨丽珍”。

1963年2月19日，“延安五老”之一、时任最高人民法院院长的谢觉哉，挥笔写下一首七言绝句《学雷锋》，诗中先展现一幅理想的长卷，“曾云六亿舜尧群，崛起平民迥不同”，继而回答，为什么“舜尧”出在“平民”，只因“说到做到心意广，神州处处学雷锋”。诗写罢，他意犹未尽，又灯下写文：“节录读雷锋日记摘抄的诗，为列列我儿写”，并注明“时年八十”。情之切切，言之谆谆，足见雷锋在老革命家心中的崇高地位，他多么希望自己的孩子像雷锋那样。他告诉儿子一个“秘密”：“雷锋同志是平凡的，任何人都可以学到；雷锋同志是伟大的，任何人都要努力学到。”这个“秘密”无须保守，很快从谢老笔下走向全社会，激励一代又一代人学雷锋。

1993年，一段被总结为“三个一”的经典话语，从庄严的人民大会堂传向全国。这年3月4日，在中宣部、国务院办公厅、国家教委、解放军总政治部、共青团中央、北京市委市政府联合举办的“纪念毛泽东等老一辈革命家为雷锋同志题词三十周年”的大会上，时任中共中央政治局常委胡锦涛发表重要讲话，指出：一个只有22年短暂生命的普通共产党员，能够赢得亿万人民如此崇高和长久的敬意；一个普通的战士所表现的高贵品质，能够激励几代人的健康成长；一个群众性的活动，能够在几十年历史进程中延续不断，影响一个时代的社会风尚，这表明雷锋精神对于我们这个民族和社会过去具有、现在仍然具有重大价值和时代意义。

2023年2月23日，“把雷锋精神代代传承下去——纪念毛泽东等老一辈革命家为雷锋同志题词六十周年”座谈会在北京召开，习近平总书记指出，今年是毛泽东等老一辈革命家为雷锋同志题词60周年。60年来，学雷锋活动在全国持续深入开展，雷锋的名字家喻户晓，雷锋的事迹深入人心，雷锋精神滋养着一代代中华儿女的心灵。实践证明，无论时代如何变迁，雷锋精神永不过时。总书记对60年学雷锋的成果作出精辟而生动的概括，说出了大家的心里话，各地学雷锋活动如火如荼地开展，各大网站，无论主流媒体还是自媒体，都以极大热情传播，几十亿的点击量，把学雷锋活动推向高潮，创造了中国正能量宣传奇迹。

人民群众为什么这么爱雷锋？雷锋的魅力在哪里？一个22岁的生命如何承载14亿人民的寄托？这真是一系列巨大的课题。

习近平总书记指出，雷锋精神是永恒的。它是五千年优秀中华文化和红色革命文化的结合。“积小善为大善，善莫大焉”，这与我们党“为人民服务”“做人民勤务员”是一脉相承的。雷锋精神永远值得弘扬。

习近平总书记从中华文化传承与创新发展的角度，揭示了雷锋精神永恒的文化渊源。

习近平总书记在党的二十大报告中指出：中华优秀传统文化源远流长、博大精深，是中华文明的智慧结晶，其中蕴含的天下为公、民为邦本、为政以德、革故鼎新、任人唯贤、天人合一、自强不息、厚德载物、讲信修睦、亲仁善邻等，是中国人民在长期生产生活中积累的宇宙观、天下观、社会观、道德观的重要体现，同科学社会主义价值观主张具有高度契合性。

这些中华优秀传统文化孕育了中华民族的宝贵精神品格，培育了中国人民的崇高价值追求，是中华民族的根和魂，也是孕育雷锋精神的深厚土壤。

精卫填海、夸父逐日、后羿射日，一个个远古神话传说，展现了先民忘我奋斗、自强不息的精神。神农尝百草、尧舜禅让、大禹治水三过家门而不入，彰显了古代先民的美德。以孔孟为代表的儒家思想，推崇“仁爱”的美德，形成了以“仁义礼智信”为“五常”的基本道德要求，“礼义廉耻”还被视为“国之四维”，“四维不张，国乃灭亡”。苏武牧羊，十九年持节不屈。范仲淹“先天下之忧而忧，后天下之乐而乐”。“岳母刺字”，教儿尽忠报国。林则徐敢斗列强，“苟利国家生死以，岂因祸福避趋之”……一个个历史人物的“鲜活面孔”，坚守着中华人文信仰，传承着中华美德。从雷锋身上我们看到了古代圣人先贤所追求的境界。雷锋有天下为公的追求、仁者爱人的情怀、自强不息的品质、厚德载物的大爱。他生命的长度、精神的厚度就在于对中华优秀传统文化的继承。

中国共产党人对中华文化的创新性发展，产生了以“为人民服务”为代表的先进文化。

在延安时期，毛主席在《为人民服务》的演讲中指出：“我们的共产党和共产党所领导的八路军、新四军，是革命的队伍。我们这个队伍完全是为着解放人民的，是彻底地为人民的利益工作的。”抗战胜利前夕，毛主席在《论联合政府》讲话中，代表全党又一次宣布：“紧紧地和中国人民站在一起，全心全意地为中国人民服务，就是这个军队的唯一宗旨。”斗转星移，共产党“为人民服务”初心不变。2014 年 2 月 7 日，习近平总书记在接受俄罗斯电视台专访时明确指出：我的执政理念，概括起来说就是：为人民服务，担当起该担当的责任。他还指出：我们共产党人的最高利益和核心价值是全心全意为人民服务，诚心诚意为人民谋利益。

革命年代，涌现了一大批全心全意为人民服务的英雄人物。这些英雄人物对雷锋的成长影响很大。16 岁的雷锋亮出自己的青春梦：去当新式农民，去做个好工人，做个好战士。只言片语，两次表达“英雄梦”——“做人类英雄”“我一定做个英雄”。6 年后，人们从他的遗物——雷锋日记中，看到了张秀云、董存瑞、黄继光、聂耳、方志敏、郑春满等英雄模范的名字：

张秀云　首先学习她的高度的主人翁责任感，对党对社会主义建设事业的赤胆忠心；学习张秀云同志积极主动、帮助别人、大公无私、舍己为人的共产主义思想和团结群众的优良作风；学习她坚持向群众学习、不断充实自己、谦逊好学的精神。

董存瑞　董存瑞英雄对敌人万分的愤恨，对党和人民无限的忠诚。在战争当中，英勇顽强，丝毫不畏缩，为人民的解放牺牲自己。董存瑞英雄是我永远学习的好榜样，我一定要为党和阶级的崇高事业，随时准备牺牲自己的一切，直至生命。

黄继光　在今天的电影里，我看到英勇的革命战士黄继光。他为了党和人民的事业，为了人类的解放而献出了自己最宝贵的生命……他这种为了党和人民的事业而牺牲了自己的崇高精神是值得我永远学习的。

聂耳　他是一个坚强的无产阶级的革命战士，是党的好儿女。他那种勇敢坚强、机智、虚心、敢于斗争的精神，是值得我永远学习的。

方志敏　“……我不怕饥饿，不怕寒冷，不怕危险，不怕困难、屈辱、痛苦，一切难以忍受的生活，我都能忍受下去！这些都不能丝毫动摇我的决心，相反的，是更加磨炼我的意志！我能舍弃一切，但是不能舍弃党，舍弃阶级，舍弃革命事业。”永垂不朽的革命烈士——方志敏同志是我永远学习的榜样。我出生在一个很贫穷的农民家庭，在旧社会受尽了折磨和痛苦，在慈祥的母亲中国共产党的不断哺育和教导下，居然成为一个解放军战士、光荣的共产党员。我要时刻准备着为党和阶级的最高利益，牺牲个人的一切，直至生命。

郑春满 他在为抢救两个孩子的生命与怒涛漩涡搏斗中，光荣地献出了自己的宝贵生命。我为失去一个这样好的阶级兄弟而感到十分沉痛。同时，也为有这样一个在党和毛主席教导下，在革命军队洪炉里熔炼成长起来的真正优秀的阶级兄弟而感到光荣和骄傲。……我要学习他那舍己为人的精神，为共产主义奋斗终身。

在那个激情燃烧的岁月里，一个翻身获解放的苦孩子的心像鲜花一样绽放了，他在不断地学习毛主席著作和革命理论的过程中，把朴素的感情上升为先进的世界观、人生观、价值观。在日记中，在小说中，在诗歌里，在给战友、朋友的赠言里，他留下了人生哲思，这就是被后人总结出来的雷锋九论——

感恩论 党和毛主席救了我的命，是我慈祥的母亲。当我想起党的恩情，恨不得立刻掏出自己的心。我们绝不能好了伤疤忘了疼，应该饮水思源。伟大的党啊，我要永远在你的身下尽忠效力，永做你忠实的儿子，人民的勤务员。

螺丝钉论 一个人的作用，对于革命事业来说，就如一架机器上的一颗螺丝钉。机器由于有许许多多的螺丝钉的连接和固定，才成为了一个坚实的整体，才能够运转自如，发挥它巨大的工作能力。螺丝钉虽小，其作用是不可估量的。我愿永远做一颗螺丝钉。

方向盘论 毛主席著作对我来说好比粮食和武器，好比汽车上的方向盘。人不吃饭不行，打仗没有武器不行，开车没有方向盘不行，干革命不学习毛主席著作不行！

钉子论 ……我认为问题不在工作忙，而在于你愿不愿意学习，会不会挤时间。要学习的时间是有的，问题是我们善不善于挤，愿不愿意钻。一块好好的木板，上面一个眼也没有，但钉子为什么能钉进去呢？这就是靠压力硬挤进去的，硬钻进去的。由此看来钉子有两个长处：一个是挤劲，一个是钻劲。我们在学习上，也要提倡这种“钉子”精神，善于挤和善于钻。

傻子论 我要做一个有利于人民、有利于国家的人。如果说这是“傻子”，那我是甘心愿意做这样的“傻子”的。革命需要这样的“傻子”，建设也需要这样的“傻子”。

情操四季论 对待同志要像春天般的温暖，对待工作要像夏天一样的火热，对待个人主义要像秋风扫落叶一样，对待敌人要像严冬一样残酷无情。

知行论 毛主席教导我们说：“虚心使人进步，骄傲使人落后。”这是千真万确的真理。过去我在言论和行动中按主席的教导做了，因此我进步了。我现在仍然要牢记主席的这一教导，坚决努力，要求自己更好地做到这一点。

有限无限论 人的生命是有限的，可是为人民服务是无限的，我要把有限的生命，投入到无限的为人民服务之中去……

人生论 我学习了《毛泽东选集》一、二、三、四卷以后，感受最深的是，懂得了怎样做人，为谁活着……

雷锋九论，条条讲的都是价值观。雷锋九论，条条与社会主义核心价值观互通兼容。“友善”的基础是感恩，由感恩带来的“爱国”“敬业”，使雷锋有了“螺丝钉”的职业态度，有了走向崇高的“傻子论”，最终升华为“有限无限论”的人生大悟。

无论时代怎么变化，雷锋那种对共产主义的坚定信念、为人民服务的大爱情怀、艰苦奋斗的拼搏劲头、爱岗敬业的螺丝钉精神、言行一致的高尚品质，必不过时。

旧社会雷锋身上留下的是伤疤，新社会他胸前挂的是奖章。在县委当公务员期间，他风寒发冷，县委书记亲自熬姜汤扶着他喝。入伍后，他感冒发烧，营长把自己的棉大衣脱下盖在他身上，雷锋在被窝里流下热泪。这样的感动，使他不仅接受了共产党人的价值观，更加热爱我们的党，而且在建设新中国的艰难历程中发出自己的光和热。在团山湖农场，雷锋为购买拖拉机捐款最多，成为新中国成立以来望城县的第一个拖拉机手。在鞍钢，他敬业爱岗，成为鞍山市建设社会主义积极分子。在部队，他奋勇救火，带伤投入抢险救灾。在三年困难时期，他省吃俭用，为辽阳灾区、望花区和平人民公社捐款，他的一句“收下儿子的一点心意吧”，让人流下热泪。雷锋日记中最多的话就是“我是人民的儿子”“人民的勤务员”。雷锋的一举一动，多么生动地体现了“爱国、敬业，诚信、友善”的价值观啊！

3. 明日霞满天

早在中华人民共和国成立之初，中国共产党就极为重视人民的思想道德建设，一方面对中国传统伦理道德的糟粕进行批判，另一方面下大力气建立新的道德和伦理，视塑造和培养社会主义新人为道德建设目标，开展了一系列大规模的道德实践活动。

1979 年 9 月，叶剑英在一篇讲话中就提出，要建设高度的社会主义精神文明。1981 年，全国总工会、共青团中央、全国妇联等九个单位联合倡导开展“五讲四美”文明礼貌活动。后来，“五讲四美”又增加了“三热爱”，即热爱祖国、热爱社会主义、热爱中国共产党。邓小平同志多次强调，要一手抓改革开放，一手抓惩治腐败；一手抓建设，一手抓法制；一手抓物质文明，一手抓精神文明，做到两手抓、两手都要硬。

1990 年 3 月，中国共产党十三届六中全会明确提出：全体党员和党员干部都要带头学习雷锋。2001 年，中共中央颁发《公民道德建设实施纲要》。2004 年 2 月，中共中央、国务院《关于进一步加强和改进未成年人思想道德建设的若干意见》颁布。2004 年，中共中央、国务院颁发《关于进一步加强和改进大学生思想政治教育的意见》，把“培养什么人”“怎么培养人”摆在重要位置。2006 年，党的十六届六中全会第一次明确提出“建设社会主义核心价值体系”，将社会主义荣辱观纳入社会主义核心价值体系建设……

2019 年 10 月，中共中央、国务院印发《新时代公民道德建设实施纲要》。其中，第四章“推动道德实践养成”专门拿出一节阐述“深入推进学雷锋志愿服务”——要弘扬雷锋精神和奉献、友爱、互助、进步的志愿精神，围绕重大活动、扶贫救灾、敬老救孤、恤病助残、法律援助、文化支教、环境保护、健康指导等，广泛开展学雷锋和志愿服务活动，引导人们把学雷锋和志愿服务作为生活方式、生活习惯。推动志愿服务组织发展，完善激励褒奖制度，推进学雷锋志愿服务制度化常态化，使“我为人人、人人为我”蔚然成风。

习近平总书记更是多次就弘扬雷锋精神发表重要论述。

> 雷锋精神，人人可学；奉献爱心，处处可为。积小善为大善，善莫大焉。当有人需要帮助时，大家搭把手、出份力，社会将变得更加美好。我国工人阶级应该为全社会学雷锋、树新风作出榜样，让学习雷锋精神在祖国大地蔚然成风。
>
> ——2014 年 3 月 4 日，给“郭明义爱心团队”的回信

雷锋精神是永恒的，是社会主义核心价值观的生动体现。你们要做雷锋精神的种子，把雷锋精神广播在祖国大地上。

——2014 年 3 月 11 日，出席十二届全国人大二次会议解放军代表团全体会议，亲切接见部分基层代表时的讲话

雷锋是时代的楷模，雷锋精神是永恒的。实现中华民族伟大复兴，需要更多时代楷模。我们既要学习雷锋的精神，也要学习雷锋的做法，把崇高理想信念和道德品质追求转化为具体行动，体现在平凡的工作生活中，作出自己应有的贡献，把雷锋精神代代传承下去。

——2018 年 9 月 25 日—28 日，在东北三省考察时的讲话

希望广大志愿者、志愿服务组织、志愿服务工作者立足新时代、展现新作为，弘扬奉献、友爱、互助、进步的志愿精神，继续以实际行动书写新时代的雷锋故事。

——2019 年 7 月 23 日，致中国志愿服务联合会第二届会员代表大会的贺信

新征程上，要深刻把握雷锋精神的时代内涵，更好发挥党员、干部模范带头作用，加强志愿服务保障和支持，不断发展壮大学雷锋志愿服务队伍，让学雷锋在人民群众特别是青少年中蔚然成

风，让学雷锋活动融入日常、化作经常，让雷锋精神在新时代绽放更加璀璨的光芒，为全面建设社会主义现代化国家、全面推进中华民族伟大复兴凝聚强大力量。

——2023 年 2 月，对深入开展学雷锋活动作出重要指示

在新征程上，要深刻把握雷锋精神的时代内涵，深入挖掘雷锋精神的当代价值，以学校为重要依托广泛开展学雷锋活动，要把学雷锋活动与加强未成年人和大学生思想政治教育结合起来。雷锋精神，是一个开放和不断丰富发展的体系。它既有“前雷锋时代”优秀传统文化和我党先进文化的浸润，又有“后雷锋时代”一个个“雷锋”精神的接续发展，因而雷锋精神是中华民族共同的精神财富，具有深厚的文化性、广泛的群众性、极大的可学可为性。它过去是、现在是、将来仍然是我们党、国家和民族的宝贵精神财富。

只要我们年复一年地坚持弘扬雷锋精神，我们的明天就一定会更加美好。

4. 雷锋属于世界

2017年3月，《告诉你一个真实的雷锋》英文版在伦敦发行，我在发行仪式上作了一场题为《告诉你一个人间奇迹》的演讲。

英国拥有着崇德向善的深厚底蕴。在优良风尚的积淀下，英国人不仅拥有温文尔雅的绅士风度，还拥有爱心，比如，英国人热衷慈善事业。在车站，拖着笨重的行李的人，有人会主动过来帮忙；着急赶路找不到车的人，有人愿意免费载他一程；无儿无女的孤独老人，邻居们会时常过来帮着照顾他的生活。在中国，这就叫“学雷锋、做好事”。

“学雷锋、做好事”，可以说是20世纪60年代以来，中国人善行意识、道德概念的最好体现。雷锋去世时年仅22岁。他的一生用一个词来表达，那就是“好人”。

…………

雷锋生长在有着五千年中华优秀文化的土壤上，他知识面广，喜欢名人名句，广泛吸取人类文明智慧，在他身上闪耀着古今中外先哲们思想的光芒。从雷锋的言行中，我们仿佛看到古今中外先哲们对信仰的坚守、对仁爱的追求。

雷锋22年的短暂人生，还不足以生产出一个巨大的精神宝库，但其点点滴滴的美好行为和闪烁着光芒的哲学思想，却足以筑起一座思想的高峰。缔造新中国的伟人们，从这位小青年的身上看到了中国人民所需要的精神风貌。毛泽东先生应群众的要求，发出“向雷锋同志学习”的号召，得到了中国人民的拥护和响应。

雷锋不是叱咤风云的英雄，但其高尚的平凡，在群众中拥有很强的可复制性、可效仿性、可学习性。西方的志愿活动引进中国后，与中国的“学雷锋、做好事”活动成功地实现嫁接，其原因就是自20世纪60年代以来开展的学雷锋活动，孕育了人们的社会公益意识，壤肥而苗壮。

如今，雷锋被联合国官员称为“国际志愿标兵”。中国学雷锋志愿者队伍数以万计。……

雷锋属于世界！

演讲开始时，台下的听众似乎一个个双目无神，但随着我的演讲的不断深入，他们听进去了，眼里也有光了，有的甚至在抹眼泪。演讲结束后，不少人上台发表感想。他们围着我要求在书上签名，我带的200多枚雷锋像章被他们一抢而空。

英国汉学家米兰·卡佩汤先生上台发表演讲《苦难的孤儿，仁爱的典范——雷锋何以从大恨走向大爱》。他说：“中国的雷锋，为人类健康发展提供了一个有意义的探索。雷锋从苦难孤儿成长为一个伟大的好人，非常不易。他可以成为千千万万人的榜样。”

英国独立党中央委员会执行委员、前党首候选人伊丽莎白·琼斯女士说：“中国的雷锋胸有大爱，太可爱了。我们英国有个南丁格尔护士，她爱护伤员，犹如女神一般。她就是英国的‘雷锋’。雷锋爱学习，有哲学思想，我很佩服。”

73岁的英国全国自由俱乐部主席莫里斯·罗伯逊侯爵，听完雷锋的故事后说：“将军，可以送我一尊雷锋塑像吗？我的俱乐部是议员们会友的场所，俱乐部的墙壁上挂满了首相和名流的画像，我要把雷锋塑像也摆在这里，让他们都看看雷锋，让世界更美好！”

爱心无国界，从中国的雷锋到英国的南丁格尔，他们的大爱、奉献、敬业，都会受到敬仰。

雷锋精神在全世界的传播，使社会主义核心价值观以充满阳光的、亲和的形象走向世界。

2017年12月18日，中国士兵雷锋诞辰77周年纪念日，下午2点，来自55个国家的123名高级军官坐在中国人民解放军国防大学防务学院的学术报告厅里，准备听取一场讲座——《告诉你一个真实的雷锋》。

尼泊尔的比纳亚·比克拉姆·拉纳上校，对于雷锋为何能够成为中国军人的榜样有自己的看法。他说："身为一名军人，我切身体会到雷锋那种甘于为国家、为人民牺牲的精神。服务人民、忠于国家是军人的价值所在，雷锋有这种大无畏的奉献精神，的确应当作为一种精神偶像来崇拜。"

南非的皮特·兰帕茨·达达中校说："雷锋的故事听起来很感人。雷锋出名并不是因为军事方面的成就，而是因为乐于助人。他始终如一地帮助身边的民众，在帮助他人的过程中获得快乐，这些似乎与流行的所谓'英雄主义'相去甚远，但他彰显的一心为人民服务的崇高价值观，与中国军队的宗旨和本质相一致。我知道，如今处在和平年代的中国，军人们仍然奋斗在抢险救灾第一线，默默付出与牺牲且毫无怨言。难怪中国军人享有如此高的社会地位，因为他们谱写了和平年代的'英雄史诗'。"

在抚顺市雷锋纪念馆里，一些外国人的留言也很具有代表性：

雷锋精神总是像金子一样发光。

——庄大川（菲律宾）

雷锋是一滴特殊的油，能覆盖整个海洋，使世界变得更加美丽、更加平静。

——詹姆斯（美国）

雷锋精神能影响整个地球，使世界更加和平、美好。

——山姆（美国）

要让更多的日本青年到中国学习雷锋，学习他高尚的道德品质。

——池上芳彦（日本）

在德国，大家都很喜欢雷锋这样的人。要是全人类都像雷锋倡导的那样彼此爱护，那该多好啊！

——何曼珠（德国）

应该向雷锋学习。学习怎样做人是全人类的永恒课题。

——理查德·麦格（澳大利亚）

讲到雷锋在世界上的影响，就不能不提及中国媒体上经常引用的美国西点军校挂雷锋画像的例子。这件事是否属实呢？2002 年，浙江工业大学原副校长田志芳同志给抚顺市雷锋纪念馆赠送了一份美国西点军校发布的招生简章。招生简章上有一幅照片，画面的背景墙上，贴着一张大幅雷锋像，十分显眼。

2003 年 7 月 9 日，时任抚顺市雷锋纪念馆馆长的张淑芬一行访问了美国西点军校。西点军校公共事务办公室的艾瑞卡·福德热情地接待了他们。艾瑞卡向张淑芬证实，西点军校汉语教研室里确实曾悬挂过雷锋的画像，她说："雷锋是一位普通战士，一个班长，在平凡的岗位上，做出了那么多感人的事迹，是很令人敬佩的，值得我们好好学习……"

为了进一步加深中美人民友谊，能够实地学习和了解雷锋，2004年7月28日，美国西点军校师生一行7人，特意到抚顺市雷锋纪念馆回访和参观。他们参观后十分感慨地说："雷锋为他人、为社会、为国家做了许多好事，确实值得人们好好学习……"值得一提的是，西点军校师生7人原本是穿便服来的，但为了表达对雷锋的崇敬之情，他们还特意换上了军装制服，并在抚顺市雷锋纪念馆内留下了珍贵的合影。

有一位外国友人在雷锋像前留言："雷锋属于世界。"这是对雷锋最朴素的感情。

只要我们心中拥有爱，不分国籍、不分语言、不分肤色，我们都可以成为善良的雷锋，而大爱的雷锋也将让世界更美好！

后　记

本书以 10 年来我在全国各地所作的 300 多场宣讲雷锋的报告和长期对雷锋精神的研究为基础写就，在雷锋家乡望城动笔，在武汉完成初稿，在抚顺和沈阳修改定稿。本书还吸收了 10 年前陕西人民出版社出版的《告诉你一个真实的雷锋》（独著，施军责编）和 30 年前中国青年出版社出版的《中国雷锋现象》（与王跃生合著）的研究成果，在此，我对这两家出版社和王跃生、施军同志表示深深的谢意！

我父亲生前对我学雷锋、研究雷锋的大力支持，我爱人给予我的细致关怀，雷锋杂志社和人民出版社的倾情帮助，都是我创作《雷锋：人类美好的向往》的重要动力。在这里，我尤其要感谢湖北教育出版社，如果没有他们的执着与鼓励，我恐怕难以在千头万绪的工作中完成此书。

谨以此书纪念毛泽东等老一辈革命家为雷锋同志题词 60 周年。

让我们致敬雷锋，让雷锋精神在新时代绽放更加璀璨的光芒！

陶克

2023 年 3 月